コンパクト
連結会計用語辞典

松原成美
[編著]

Dictionary of
Consolidated Financial Statements Terms

税務経理協会

はじめに

　周知のように1990年代から2000年代初めにみるフリー・フェアー・グローバルを合言葉とした金融ビッグバンは，会計制度の大改革とも呼ばれ，いわゆる会計ビッグバンを余儀なくされた。

　この会計ビッグバンは，会計情報においても個別企業中心から連結企業中心となり，とくに大会社においては2000年3月期から連結財務諸表の作成と公表が義務付けられた。また，このことは，同時に連結貸借対照表と連結損益計算書を連結財務諸表の柱としていたものを，連結キャッシュ・フロー計算書を加えた三つを連結財務諸表の柱として，本格的な連結会計時代となった。さらに，税法も2003年3月期から連結納税制度が導入され，2006年5月からの旧来の商法に変わる会社法（会社法施行規則及び会社計算規則を含む）の施行は，連結会計制度にも大きく影響を及ぼしている。

　本書は，コンパクト連結会計用語辞典として次のような特色をもって書かれている。

1．本書は，連結財務諸表原則を中心とした基本的な連結会計用語の解説と，また連結会計と密接な関係がある外貨換算会計，連結財務諸表分析，税効果会計および連結納税の中で，基本的な用語を厳選し，その用語解説を行うことを目的としている。さらに，今回施行の会社法においても，連結会計に関する規定がもりこまれたので，その内容を十分に反映した用語解説となっている。

2．本書は，「あいうえお」順で用語解説を行っているが，その内容は，次の11部門に区分し，各用語項目（タイトル）の末尾にそれぞれの部門の略称を記載している。

　　なお，下記④の「連結株主資本等変動計算書及び連結剰余金計算書

(旧規定)」では，会社法及び会社計算規則の施行の関係から，旧連結剰余金計算書の内容については，ほとんどが連結株主資本等変動計算書で扱われることになったので，旧連結剰余金計算書で扱われている基本用語も比較のために可能な限りこれを残し解説した。

(略　称)

① 「総論」編 ………………………………………………【総　論】
② 「連結貸借対照表」編 …………………………………【貸　借】
③ 「連結損益計算書」編 …………………………………【損　益】
④ 「連結株主資本等変動計算書及び連結剰余金計算書
　　(旧規定)」編………………………………【株主資本／剰余金】
⑤ 「連結キャッシュ・フロー計算書」編 ………………【キャッ】
⑥ 「中間連結財務諸表」編 ………………………………【中　間】
⑦ 「連結セグメント情報」編 ……………………………【セグメ】
⑧ 「外貨換算会計」編 ……………………………………【外　貨】
⑨ 「連結財務諸表分析」編 ………………………………【分　析】
⑩ 「税効果会計」編 ………………………………………【税効果】
⑪ 「連結納税」編 …………………………………………【連納税】

　各部門で選定した用語項目の一覧は，＜目次＞欄に，また，「あいうえお」順の用語項目一覧は，本書の最後に＜項目索引＞欄として記載している。

3．基本用語の中には，会社法の施行で，連結処理上で発生する連結調整勘定はのれんとして，またその償却である連結調整勘定償却はのれん償却として貸借対照表あるいは損益計算書で計上することになったので，通常の企業買収又は企業合併時などにおけるのれん又はのれん

はじめに

償却と区別するために，のれん（連結調整勘定）やのれん償却（連結調整勘定償却）として括弧を付して併記することにした。
4．一用語項目の解説字数を原則として200文字数以内に限定した。本書は，あくまでも基本用語であることから，200文字数以内であればいつでもどこでもスムーズに暗記ができることを考えている。本書の書名が「コンパクト」としたゆえんともなっている。しかしながら，例外として用語によっては200文字数以内で解説できない場合もあるので，その場合は原則として最高400文字数程度までとした。

本書は，多くの先生方にお願いし，ご協力いただき執筆いただいた。ここに執筆願った各位に心から感謝を申し上げたい。また，編集委員である埼玉学園大学教授岩崎功氏（編集幹事），九州大学大学院教授岩崎勇氏（編集幹事），流通経済大学教授氏原茂樹氏，埼玉大学教授近田典之氏および明海大学教授中嶋隆一氏のご協力のもとに完成したものである。なお，本書が多くの読者に少しでも役立てば編著者として望外の喜びである。

本書の出版が会社法の施行にともない執筆いただいた後に項目によっては見直しないしは改めての執筆で大幅に遅れましたことを執筆者各位にお詫びし，お許しをいただきたい。

最後に，本書の出版に際し常日頃より何かとご高配を賜っている税務経理協会社長の大坪嘉春氏には深く感謝したい。また，本書の企画，編集，校正，さらに上梓に至るまで書籍編集部部長の峯村英治氏にはいろいろとお手数を煩わした。ここに心から御礼申し上げたい。

2007年3月

編著者　松原成美

執筆者一覧 （五十音順）敬称略

編著者　松原成美 （専修大学）

赤城　論士　九州産業大学	首藤　昭信　専修大学
池田　幸典　高崎経済大学	鈴木　昭一　拓殖大学
石坂　信一郎　専修大学北海道短期大学	鈴木　基史　富山大学
泉　　宏之　横浜国立大学	髙木　秀典　専修大学北海道短期大学
岩崎　　功※　埼玉学園大学	田嶋　敏男　産能大学
岩崎　　勇※　九州大学	田中　　弘　神奈川大学
氏原　茂樹※　流通経済大学	近田　典行※　埼玉大学
梅原　秀継　中央大学	千葉　啓司　上武大学
大倉　　学　明治大学	徳賀　芳弘　京都大学
大塚　浩記　埼玉学園大学	徳田　行延　西武文理大学
大野　智弘　創価女子短期大学	徳山　英邦　西武文理大学
岡崎　英一　福井大学	中嶋　隆一※　明海大学
奥村　輝夫　専修大学	成道　秀雄　成蹊大学
小俣　光文　東京経済大学	西村　勝志　愛媛大学
春日　克則　宮崎産業経営大学	野田　秀三　桜美林大学
川村　文子　明海大学	橋本　　尚　青山学院大学
菊谷　正人　法政大学	菱山　　淳　専修大学
国田　清志　専修大学	福浦　幾巳　中村学園大学
倉田　幸路　立教大学	瓶子　長幸　専修大学
黒川　保美　専修大学	松井　泰則　立教大学
小林　秀行　青山学院大学	松原　成美　専修大学
齋藤　真哉　横浜国立大学	矢内　一好　中央大学
齋藤　幹朗　中京学院大学	弥永　真生　筑波大学
佐藤　信彦　明治大学	柳　　裕治　専修大学
佐藤　文雄　専修大学	山本　正彦　東邦学園短期大学
柴田　寛幸　亜細亜大学	尹　　志煌　青山学院大学
渋谷　謙作　東京経営短期大学	吉岡　正道　東京理科大学
渋谷　武夫　専修大学	依田　俊伸　文京学院大学
杉山　晶子　秋草学園短期大学	渡邊　貴士　亜細亜大学

※　編集責任者

目　次

【総　論】

一般原則……………………3
影響力基準…………………8
M＆A（合併と買収）………9
親会社………………………10
親会社及び子会社の会計処理の
　原則と手続き……………10
親会社概念…………………11
買入のれん…………………12
会計公準……………………14
会社法………………………14
株式交換……………………17
株式分割……………………17
関係会社……………………19
関連会社……………………20
企業会計基準委員会………21
企業会計原則………………21
企業会計審議会……………21
企業会計法…………………22
企業実体の公準……………22
経済的実体…………………27
経済的単一体概念…………27
計算関係書類………………27
継続性の原則………………28
後発事象……………………31
子会社………………………31
子会社株式の一部売却……32
子会社の支配獲得…………33
子会社の範囲………………33

国際会計基準………………34
個別財務諸表………………36
個別財務諸表基準性の原則…36
個別財務諸表の修正………36
三角合併……………………39
時価アプローチ……………39
自己創設のれん……………42
資産・負債アプローチ……43
実質的所有…………………44
支配獲得日…………………45
支配の一定事実……………45
支配力基準…………………45
収益・費用アプローチ……48
重要性の原則………………49
証券取引法…………………51
商　法………………………52
剰余金の配当………………52
真実性の原則………………53
垂直型企業集団……………54
税　法………………………56
全額消去・親会社負担方式…57
全額消去・持分比率負担方式…57
全額消去方式………………57
全部のれん…………………58
戦略的事業単位（SBU）…58
組織再編……………………59
単元未満株式………………62
中間会計期間………………63

中間連結財務諸表	65	持株基準	88
注記事項	66	持分プーリング法	88
ＴＯＢ（株式の公開買付け）	67	有価証券届出書	90
ＤＥＳ（債務の株式化）	68	有価証券報告書	92
トライアングル体制	72	有用性の原則	92
内部取引	72	臨時報告書	95
内部取引の相殺消去	73	連結会計	96
のれん	74	連結基礎概念	97
のれん（連結調整勘定）	74	連結経営	97
パーチェス法	75	連結計算書類	98
配当可能利益	75	連結決算日	98
比例連結	80	連結決算日の差異	98
附属明細書（表）	81	連結財務諸表	99
負ののれん	81	連結修正	100
法的実体	84	連結精算表	101
みなし連結会社間取引	86	連結注記表	104
みなし子会社	86	連結当期純利益	104
明瞭性の原則	87	連結の範囲	105
持株会社	88	連結配当規制適用会社	105

【連結貸借対照表】

一時差異	2	子会社資産・負債の評価	32
一括法	3	子会社資産・負債の評価差額	33
営業権	8	子会社の欠損	33
親会社持分	11	債権債務の相殺消去	38
貸倒引当金	15	時価（公正な評価額）	39
株主資本	17	自己株式の表示	41
金銭債権・債務	24	自己株式申込証拠金	41
繰延資産	25	資本剰余金	47
繰延ヘッジ損益	26	資本連結	47
経過勘定項目	27	重要な影響を与える一定の事実	49
減価償却累計額	29	純資産	50
減　損	30	少数株主	51

目　次

少数株主持分……………………51	のれん償却（連結調整勘定償却）…74
新株申込証拠金…………………53	評価・換算差額等………………79
新株予約権………………………53	非連結子会社……………………80
全面時価評価法…………………58	部分時価評価法…………………81
その他有価証券評価差額金……59	無形固定資産……………………87
退職給付引当金…………………61	持分法……………………………88
ダウン・ストリーム……………61	持分法適用会社…………………89
棚卸資産…………………………62	有価証券…………………………90
段階法……………………………62	有形固定資産……………………92
追加取得…………………………67	利益剰余金………………………94
投資（非連結子会社及び関連会社への）……………………70	流動資産…………………………94
	流動負債…………………………95
投資（連結子会社への）………70	連結会社…………………………96
投資消去差額……………………71	連結貸借対照表 ………………103
土地再評価差額金………………71	連結貸借対照表作成の基本原則…103
内部取引の相殺消去……………73	連結貸借対照表の区分 ………104

【連結損益計算書】

アップ・ストリーム……………1	支払利息…………………………46
受取配当金………………………4	純損益計算………………………50
受取配当金の処理………………4	少数株主損益……………………51
受取利息…………………………5	税金等調整前当期純利益………55
売上原価…………………………5	当期純利益………………………69
売上総利益………………………5	特別損失…………………………71
売上高……………………………5	特別利益…………………………72
営業外収益………………………7	販売費及び一般管理費…………77
営業外費用………………………7	未実現損益………………………85
営業損益計算……………………8	未実現損益の配分………………85
営業利益…………………………8	未実現利益の消去方法…………86
経常損益計算……………………28	持分法による投資損益…………89
経常利益…………………………28	役員賞与…………………………90
減価償却費………………………29	有価証券評価損益………………91
子会社株式売却損益……………32	連結損益計算書 ………………102

3

連結損益計算書作成の基本原則 …102	連結損益計算書の区分 …………103
連結損益計算書の科目の分類 ……103	

【連結株主資本等変動計算書及び連結剰余金計算書（旧規定）】

確定方式…………………………15	連結株主資本等変動計算書…………97
株主資本等変動計算書……………17	連結剰余金…………………………100
繰上方式…………………………25	連結剰余金計算書 …………………100
配当金……………………………76	

【連結キャッシュ・フロー計算書】

受取手形………………………… 4	資金収支……………………………41
売掛金…………………………… 6	支払手形……………………………45
営業活動………………………… 7	純額主義……………………………49
買掛金……………………………12	総額主義……………………………59
貸倒引当金………………………15	直接法………………………………66
貸付金……………………………16	当期純利益…………………………69
借入金……………………………18	投資活動……………………………70
間接法……………………………19	比較貸借対照表……………………77
キャッシュ・フロー……………23	引当金繰入額………………………78
キャッシュ・フロー経営………23	非資金項目…………………………78
キャッシュ・フロー計算書……24	フリー・キャッシュ・フロー……82
キャッシュ・フロー分析………24	有価証券売却損益…………………91
減価償却費………………………29	有価証券評価損益…………………91
現金及び現金同等物……………29	有形固定資産売却損益……………92
財務活動…………………………38	連結キャッシュ・フロー計算書…97
資金概念…………………………40	割引手形……………………………106

【中間連結財務諸表】

実績主義…………………………44	中間連結キャッシュ・フロー
四半期報告書……………………46	計算書……………………………64
中間決算日の差異………………63	中間連結財務諸表（一般原則）……65
中間連結株主資本等変動計算書…64	中間連結財務諸表（作成基準）……65
中間連結貸借対照表……………64	中間連結損益計算書………………65

目　次

半期報告書……………………76　　予測主義……………………93

【連結セグメント情報】

売上高テスト………………… 6　　所在地別セグメント情報………53
海外売上高……………………12　　セグメント間取引………………56
事業種類別セグメント情報……40　　セグメント情報…………………57
事業単位別セグメント情報……40　　ビジネス・セグメント・
資産テスト……………………42　　　アプローチ……………………78
市場別セグメント情報…………43　　マネジメント・アプローチ………85

【外貨換算会計】

外貨表示子会社財務諸表………12　　決算日レート法…………………28
外貨表示財務諸表………………13　　在外会社…………………………38
外貨表示損益計算書……………13　　資産・負債項目の換算…………43
外貨表示貸借対照表……………13　　収益・費用項目の換算…………48
貨幣・非貨幣法…………………18　　修正テンポラル法………………48
為替換算調整勘定………………18　　純資産項目の換算………………50
換算差額（在外子会社等の財務諸表　　低価基準…………………………67
　項目）…………………………19　　テンポラル法……………………68
換算法（在子会社等の財務諸表　　　流動・非流動法…………………95
　項目）…………………………19

【連結財務諸表分析】

安全性分析……………………… 1　　個別（単体）財務諸表分析……36
売上高利益率…………………… 6　　財務レバレッジ効果……………38
活動性分析………………………16　　残余利益モデル（ＲＩＭ）………39
期間比較…………………………21　　自己資本利益率（ＲＯＥ）………42
企業間比較………………………22　　資産回転率………………………42
企業評価…………………………22　　実数分析…………………………44
構成比率法………………………31　　資本回転率………………………46
固定長期適合率…………………34　　資本コスト………………………46
固定費……………………………34　　資本利益率………………………47
固定比率…………………………34　　収益性分析………………………48

生産性分析	55	付加価値	81
成長性分析	56	フリー・キャッシュ・フロー経営	82
総資産利益率（ROA）	59	変動費	83
損益分岐点分析	60	変動費率	83
統計値比較法	69	流動比率	94
配当割引モデル（DDM）	76	連結財務諸表分析	99
1株当たりキャッシュ・フロー	78	連単倍率	106
1株当たり純資産額	79	割引キャッシュ・フロー法（DCF）	106
1株当たり純利益	79		
比率分析	79		

【税効果会計】

圧縮記帳	1	将来減算一時差異	52
一時差異	2	税効果会計	55
永久差異	7	税務調整項目	56
益金	9	損金	60
益金算入項目	9	損金経理	60
益金不算入項目	9	損金算入項目	61
期間差異	20	損金不算入項目	61
期間配分	20	適用税率	68
繰延税金資産・負債	25	当期加算減算完結項目	69
繰延法	26	納税額方式	74
個別税効果会計	37	別段の定め	83
資産負債法	43	法人税等	84
実効税率	44	法人税等調整額	84
住民税	49	連結税効果会計	101
将来加算一時差異	52	連結納税	104

【連結納税】

青色申告法人	1	加入	16
外国法人	14	完全親子会社	19
外国法人税	14	繰越欠損金	25
確定決算主義	15	控除対象個別帰属調整額	31

目　次

個別益金・損金額……………35
個別帰属益金・損金額………35
個別帰属法人税額……………35
個別所得金額…………………37
時価評価………………………40
税額控除………………………55
損益通算………………………60
タックス・プランニング……62
単体所得金額…………………62
単体納税制度…………………63
中間申告………………………64
投資価額修正…………………70

投資税額控除…………………71
内国法人………………………72
内部取引………………………73
離　脱…………………………94
連結親法人……………………96
連結確定申告書………………96
連結欠損金……………………98
連結子法人……………………99
連結事業年度…………………99
連結所得金額 ………………101
連結納税 ……………………105
連帯納付責任 ………………105

◎項目索引 ………………………………………………………………109

〔あ〕

青色申告法人 (corporation preparing blue return) 【連納税】

青色申告法人とは，税務署長の承認を受けて，青色の申告書により納税申告をする法人をいう。

青色申告は，帳簿書類に基づく正確な申告の奨励を目的とする制度である。一定の帳簿書類を備え付け，これに取引を記録し，保存する法人に限り青色の申告書の提出を認めるとともに，各種の特典が与えられる。

青色申告の特典には，①推計課税の禁止，②更正処分の理由附記，③各種の租税特別措置等がある。(依田俊伸)

圧縮記帳 (advanced depreciation) 【税効果】

国庫補助金等は企業の生産能力を維持することを目的として提供されるものであり，理論的には資本と考えられる。しかし，会社法は拠出を原因としない資本剰余金を認めていないため，実務上は利益とせざるを得ない。国庫補助金等を利益とすると課税対象となるため，国庫補助金等の目的が果たされないこととなる。それゆえ，受け入れた国庫補助金等と同額だけ有形固定資産の取得原価を減額し，課税の繰延を行う方法が圧縮記帳である。

(小俣光文)

アップ・ストリーム (up-stream) 【損益】

アップ・ストリームとは，子会社から親会社へ財貨（棚卸資産や固定資産等）・用役（サービス）を販売する取引をいう。この取引は，連結企業集団の内部取引とみなされるため，当該取引および未実現損益は，全額消去されなければならない。子会社に少数株主が存在する場合の未実現損益は，親会社と少数株主の持分比率に応じて，親会社の持分と少数株主持分に配分される。ただし重要性が乏しい未実現損益は，消去しないことができる。

(渋谷謙作)

☞未実現損益，少数株主持分，ダウン・ストリーム

安全性分析 (safety analysis) 【分析】

企業経営の安全性つまり財務安全性を対象とする分析手法をいい，収益性分析と共に財務諸表分析（又は経営分析）の主要分析手法の一つである。米国では短期的な債務支払能力を分析する流動性分析 (liquidity analysis) と，長期的な債務支払能力すなわち財務構造の健全性を分析する支払能力分析 (solvency analysis) と別々に分析され，安全性分析という表現は使わない。

イチジサイ

前者の代表的比率には流動比率や当座比率，後者の代表的比率には自己資本比率や固定比率などがある。

(渋谷武夫)

☞連結財務諸表分析，収益性分析，活動性分析，生産性分析，成長性分析

━━━━━━━━━━━━━━━━
〔 い 〕
━━━━━━━━━━━━━━━━

一時差異 (temporary differences)
【貸　借】

　一時差異とは，貸借対照表及び連結貸借対照表に計上されている資産及び負債の金額と課税所得計算上の資産及び負債の金額との差額をいう。連結会計上固有の一時差異は，つぎのような場合に生じる(「税効果会計に関する基準」第二，一，2(2))。
① 　資本連結に際し，子会社の資産及び負債の時価評価により評価差額が生じた場合
② 　連結会社相互間の取引から生ずる未実現損益を消去した場合
③ 　連結会社相互間の債権と債務の相殺消去により貸倒引当金を減額修正した場合

　一時差異は，それが解消するときにその期の課税所得に対する効果の相違により，「将来減算一時差異」と「将来加算一時差異」とに分類される。

(中嶋隆一)

☞一時差異【税効果】，将来減算一時差異，将来加算一時差異

一時差異 (temporary differences)
【税効果】

　一時差異とは，貸借対照表及び連結

貸借対照表に計上されている資産及び負債の金額と課税所得計算上の資産及び負債の金額との差額をいう。資産負債法による税効果会計においては、一時差異（繰越欠損金等についても同様に取り扱われる。一時差異と繰越欠損金等を総称して一時差異等という）に係る税金の額が税効果会計の対象となり、適切に期間配分される。一時差異には、将来減算一時差異と将来加算一時差異とがある。　　　　　　（橋本尚）
☞一時差異【貸借】，永久差異，繰越欠損金，将来減算一時差異，将来加算一時差異

一括法（lump-sum method）
【貸　借】

連結財務諸表の作成にあたり、子会社の支配に必要な株式の取得が数回にわたり行われている場合に、親会社の投資と子会社の資本との相殺消去に係わる方法の一つである。投資勘定と資本勘定の相殺を株式の取得日ごとに相殺するのではなく、支配獲得日に一括して相殺消去する方法で、子会社の資産及び負債の評価方法である全面時価評価法や部分時価評価法の簡便法が採用されている場合には一括法が用いられる。　　　　　　　　　　（中嶋隆一）
☞段階法，全面時価評価法，部分時価評価法

一般原則（general principles）
【総　論】

連結財務諸表原則における一般原則は、連結財務諸表の作成及び表示全体に関する基本的な原則である。一般原則は、会計公準を前提として、連結会計の目的を達成するための理論的な基礎を提供するものである。

連結財務諸表原則は、一般原則として、真実性の原則、個別財務諸表基準性の原則、明瞭性の原則、継続性の原則を定めている。　　　　（氏原茂樹）
☞企業会計原則，真実性の原則，個別財務諸表基準性の原則，明瞭性の原則，継続性の原則

ウケトリテガ

〔う〕

受取手形 (notes receivable)
【キャッ】

連結キャッシュ・フロー計算書（間接法表示）での受取手形は，Ⅰ「営業活動によるキャッシュ・フロー」の部において，売上債権の増加項目として表示された場合，キャッシュ・フローの減少（税金等調整前当期純利益を減額させる項目として）を意味する。

簡便法での連結キャッシュ・フロー計算書の作成では，単に合算された連結会社間のキャッシュ・フローから，連結会社相互間のキャッシュ・フローの相殺消去を行う必要がある。これは取引が親子会社間で行われた場合，一企業グループ内部の資金移動と考えられ，親子会社間の売上債権は相殺消去のために連結仕訳が行われる。また受取手形の割引については，連結キャッシュ・フロー計算書では，Ⅰ「営業活動によるキャッシュ・フロー」の部に表示される。

　　債権債務の相殺消去仕訳
　　　（借）支 払 手 形　×××
　　　　　（C/Fの増加）
　　　（貸）受 取 手 形　×××
　　　　　（C/Fの減少）

（川村文子）

☞営業活動，財務活動，税金等調整前当期純利益，売掛金，貸倒引当金，支払手形，割引手形

受取配当金 (dividend income)
【損　益】

親会社などが同一企業集団内の他の会社から受け取った受取配当金は，単体損益計算書（個別損益計算書）上営業外収益区分に計上される。しかしながら，連結会計上配当金の受取り・支払いについては企業集団内部での資金の振替取引に過ぎず，これを看過して連結すると，子会社などが計上した利益とそこから支払われ親会社などが受け取る配当金が二重計上されてしまうという弊害が生じてしまう。そのため，「受取配当金の処理」の項で示す会計処理が求められることとなる。

（田嶋敏男）

☞営業外収益，受取配当金の処理

受取配当金の処理 (recognition and measurement of dividend income)
【損　益】

「受取配当金」の項で述べたように，親会社などの受取配当金は，振り戻す処理を行って支払いがなされなかった状態にする必要がある。

　　　（借）受 取 配 当 金　×××
　　　（貸）配　当　金　×××
　　　　　（P/L）

上記の会計処理が求められる理由は，

子会社などが利益処分を行った時に以下のような会計処理が行われていることにある。

　（借）繰越利益剰余金　×××
　　　（貸）利益準備金　×××
　　　　　　配　当　金　×××
　　　　　　　　　　　（田嶋敏男）

☞受取配当金

受取利息（interest income）【損　益】

　受取利息とは，預貯金や貸付金など企業外部への資金運用に伴って運用先から受け取る収益であり，営業外収益一つである。連結財務諸表規則によれば，有価証券利息も受取利息に含めて表示される。また，個別損益計算書では関係会社からの受取利息が営業外収益総額の10%を超える場合には注記しなければならないが，連結損益計算書では連結会社間で発生した利息の授受を相殺消去しなければならない。

　　　　　　　　　　　（大塚浩記）

☞営業外収益

売上原価（cost of sales）【損　益】

　売上原価とは，商品仕入原価又は製品製造原価のうち，一会計期間に連結企業集団外への販売に供することで当該企業集団内から流出した価値であり，売上高（営業収益）と，個別的・直接的対応関係が認められる費用である。商品（製品）期首棚卸高に当期商品純仕入高（当期製品製造原価）を加算し，商品（製品）期末棚卸高を減算して算出する。棚卸資産に含まれる未実現損益を消去することに伴って金額に修正が生じることになる。　　（徳山英邦）

売上総利益（gross margin）【損　益】

　売上総利益とは，一会計期間に属する売上高から売上原価を控除して算出する金額であり，粗利益ともいう。企業の商品又は製品の売買それ自体からもたらされる連結損益計算書で最初に示される利益数値である。ここにいう売上高と売上原価は，連結企業内取引から生じた売上高と仕入高を相殺消去し，かつ連結企業内取引によって取得した棚卸資産に含まれる未実現利益を消去した上で算出された金額である。

　　　　　　　　　　　（徳山英邦）

☞売上高，売上原価，未実現損益

売上高（sales revenue）【損　益】

　売上高とは，連結企業集団が集団外部に商品又は製品を販売し，その対価として受け取った金額の一会計期間における合計をいう。総売上高から売上値引，割戻及び戻り高を控除した純額で示される。主たる営業活動から生じる収益であるが，役務収益等がこれに含まれる場合には，商品及び製品売上高と区分して表示する。また，連結企業相互間の売上高と仕入高は相殺し，連結企業集団の売上規模が過大表示されることを防止している。（徳山英邦）

ウリアゲダカ

☞売上総利益,売上原価

売上高テスト (test of segmentation by sales) 【セグメ】

開示対象となるセグメントを決定する方法の一つで,対象となるセグメントである売上高に着目した重要性の基準をさす。対象となるセグメントの売上高が,全セグメントの10％以上である場合には,重要なセグメントとして開示対象とされる。そしてこのように開示対象セグメントを決定する際に,重要性の基準として売上高に着目することを売上高テストという。

(松井泰則)

☞資産テスト

売上高利益率 (ratio of profit to net-sales) 【分析】

収益性分析のための方法の一つで,利益を売上高で除してパーセントで求める。この比率は高い程,利幅が多く望ましい。分子に使用する利益により粗利益を使用した売上総利益率,営業活動全般の利益を使用した営業利益率,経常活動の利益を使用した経常利益率,特別活動を含む全活動の利益を使用した当期純利益率などがある。なお,売上高と各種費用との関係（例えば売上原価率など）も見る必要もある。資本利益率の良否の原因分析にも使用される。

(岩崎功)

☞収益性分析

売掛金 (accounts receivable) 【キャッ】

連結キャッシュ・フロー計算書（間接法表示）での売掛金は,「営業活動によるキャッシュ・フロー」の部において,売上債権の増加項目として表示された場合,キャッシュ・フローの減少（税金等調整前当期純利益を減額させる項目として）を意味する。

簡便法での連結キャッシュ・フロー計算書の作成では,単に合算された連結会社間のキャッシュ・フローから行うので,連結会社相互間のキャッシュ・フローの相殺消去を行う必要がある。これは取引が親子会社間で行われた場合,一企業グループ内部の資金移動と考えられ,親子会社間の売上債権は相殺消去のために連結仕訳が行われる。

債権債務の相殺消去仕訳

　（借）買　　掛　　金　×××
　　　（C/Fの増加）
　（貸）売　　掛　　金　×××
　　　（C/Fの減少）

(川村文子)

☞間接法,営業活動,税金等調整前当期純利益,受取手形,貸倒引当金,買掛金

〔 え 〕

永久差異(permanent differences)
【税効果】

　交際費の限度超過額などは，会計上は費用となるものの，税務上は永久に損金に算入されることはない。このように，会計上は収益・費用となるものの，税務上は永久に益金・損金とならないものは，法人税の前払い，あるいは課税の繰延べといった税効果会計の対象とはならない。このような永久に差異が解消されないものを永久差異という。この他にも，寄附金の限度超過額や受取配当の益金不算入額などが永久差異の例として挙げられる。

（小俣光文）

☞一時差異【税効果】

営業外収益(non-operating revenue)
【損　益】

　連結損益計算書上も，単体損益計算書（個別損益計算書）と同様に，企業の本業以外の活動によって生じる収益を表示する区分である。主として財務活動から生じる項目からなる。この営業外収益の具体例としては，受取利息・受取配当金・持分法による投資利益などが挙げられる。　（田嶋敏男）

☞受取利息，受取配当金，持分法による投資損益

営業外費用(non-operating expenses)
【損　益】

　連結損益計算書上も，単体損益計算書（個別損益計算書）と同様に，企業の本業以外の活動によって生じる費用を表示するものである。主として財務活動から生じる項目からなる。営業外費用の具体例としては，支払利息，社債利息などが挙げられる。

（田嶋敏男）

☞支払利息

営業活動(operating activities)
【キャッ】

　営業活動は，企業が利益を得るために行う継続的な行為のことである。業種によっても異なるが，一般的には，ある組織体が他の組織体から取得した財貨・用役をその他の財貨・用役に変えて販売し，その結果として利益を得る。キャッシュ・フロー計算書の区分による営業活動は，営業損益計算の対象となる取引及び投資活動と財務活動以外の取引から生じるキャッシュ・フローを示している。　（吉岡正道）

☞連結キャッシュ・フロー計算書，投資活動，財務活動

エイギヨウケ

営業権 (goodwill) 【貸借】

営業権とは，企業の長年にわたる社会的信用など無形の財産的価値を有する事実関係をいう。会計上は，「企業会計原則」にみられるように，「営業権」と「のれん」は同義語として使用されてきた。一方，税務上は，行政官庁の規制に基づく登録・認可・割当の権利を取得するために支出する費用や権利に係る事業を廃止する者に対して残存業者が負担する補償金のように，その権利の維持保全のために支出する費用も営業権に含めている。

(梅原秀継)

☞のれん，買入のれん，のれん償却

営業損益計算 (operating profit and loss section) 【損益】

営業損益計算とは，売上高から売上原価を控除して売上総利益を示し，更に販売費及び一般管理費を控除して営業利益（又は損失）を算出する連結損益計算書上の計算領域をさす。売上高との対応関係は，売上原価が個別的・直接的であるのに対し，販売費及び一般管理費は，期間的・間接的である。連結企業相互間の営業取引高は相殺され，未実現損益も消去される。のれん（連結調整勘定）が資産計上された場合ののれん償却（連結調整勘定償却）額は，販売費及び一般管理費となる。

(徳山英邦)

☞売上高，売上原価，売上総利益，営業利益，販売費及び一般管理費，のれん（連結調整勘定），のれん償却（連結調整勘定償却），未実現損益

営業利益 (operating profit) 【損益】

営業利益とは，損益を発生源泉別に区分表示する損益計算書の損益計算結果の一つであり，売上総利益から販売費及び一般管理費を減算して計算・表示する。営業利益は報告企業の本業（主たる営業活動）を源泉とした活動の成果を表し，また販売や管理に要する費用が影響するので，本業の効率性も表している。なお，本業といっても連結損益計算書では，企業集団を構成する個々の企業の科目分類に基づいて集計・計算する。

(大塚浩記)

☞営業損益計算，売上総利益，販売費及び一般管理費

影響力基準 (significant influence standard) 【総論】

影響力基準とは，他の会社の財務や営業方針に対して重要な影響を与えることができる一定の事実の存在により持分法を適用する関連会社，非連結子会社か否かを判断する基準である。他の会社の議決権を継続して20％以上実質的に所有している場合，20％未満であっても代表取締役の派遣や債務保証，担保提供による融資，営業取引関係等に基づき実質的に重要な影響を行使で

きる一定の事実が認められる場合には，この基準を満たすことになる。

(近田典行)

☞支配力基準，持株基準

益金 (gross revenue) 【税効果】

課税所得を計算するに際して，課税所得を増加させるものが益金である。ほぼ会計上の収益と一致するが，会計上は収益となるものの，課税所得の計算上益金とならないもの（受取配当金の益金不算入など），その反対に，会計上は収益とならないが，課税所得の計算上益金となるもの（準備金の取崩額の益金算入など）がある。課税所得を計算する際に，前者は会計上の利益から控除され，後者は会計上の利益に加算されることとなる。 (小俣光文)

☞損金

益金算入項目 (inclusive item in gross revenue) 【税効果】

法人税法上，「別段の定め」があるものを除き，基本的には「確定した決算」において計上された収益の額をもって各事業年度の益金の額とする。すなわち別段の定めにより，会計上の収益と税務上の益金とに相違が生じる。この相違のうち，会計上は収益に含まれないが，税務上は益金に含まれる項目を（狭義）益金算入項目という。例えば，連結上消去された未実現利益が，税務上では益金に含まれている場合が，それに該当する。 (齋藤真哉)

☞別段の定め，益金不算入項目，確定決算主義

益金不算入項目 (exclusive item from gross revenue) 【税効果】

法人税法上，「別段の定め」があるものを除き，基本的には「確定した決算」において計上された収益の額をもって各事業年度の益金の額とする。すなわち別段の定めにより，会計上の収益と税務上の益金とに相違が生じる。この相違のうち，会計上は収益に含まれるが，税務上は益金に含まれない項目を，益金不算入項目という。例えば，連結上は，連結対象となる子会社及び持分法が適用される関連会社以外の会社からの受取配当金などがそれに該当する。 (齋藤真哉)

☞別段の定め，益金算入項目，確定決算主義

M & A (merger and acquisition : 合併と買収) 【総論】

merger and acquisition の略で，会社の合併と買収のことである。すなわち，merger（合併）とは，種々のタイプの合併（や企業結合）のことをいい，狭義には吸収合併（取得企業が存続し，他の企業が消滅するタイプの合併）のことを意味する。また，acquisition（買収）とは，取得企業が他の企業の持分（株式など）を買い取ることによっ

オヤガイシヤ

て，その企業の支配権を獲得することである。これは，企業が時間をかけずに多角化，組織再編，救済，競争力の強化などをしたいときに行われる。
(岩崎勇)

☞組織再編，三角合併，TOB

〔 お 〕

親会社（parent company）
【総 論】

親会社とは，他の会社等の意思決定機関を支配している会社をいう。ここにいう支配している会社とは，(1)他の会社等の議決権の過半数を自己の計算により所有している会社，(2)他の会社等の議決権の百分の四十以上，百分の五十以下を所有している場合であって，かつ，一定の要件に該当する会社，そして(3)自己の計算において所有している議決権と，自己と親密な関係にある者等が所有する議決権とをあわせて過半数を占め，かつ，一定の要件に該当する会社のことをさす。 (徳田行延)

☞親会社及び子会社の会計処理の原則と手続き，親会社概念，子会社

親会社及び子会社の会計処理の原則と手続き　　【総 論】

同一環境下で行われた同一の性質の取引等について，親会社及び子会社が採用する会計処理の原則及び手続きは，原則として統一しなければならない。さらに，意見書において，会計処理の統一に当たっては，より合理的な会計処理の選択をすべきこととされている。これは，統一しないことに合理的な理

由がある場合又は重要性がない場合を除いて,統一しなければならないことを意味する。また,より合理的な会計処理とは,企業集団の財政状態及び経営成績をより適切に表示するものであることを意味する。

なお,子会社の採用する会計処理の原則及び手続きで親会社及びその他の子会社との間で特に異なるものがあるときは,その概要を注記しなければならない。　　　　　　（徳田行延）
☞親会社,親会社概念,子会社

親会社概念（parent company concept）　　　　　　　　【総論】

親会社概念とは,企業集団の所有関係を,持分比率を基礎として捉え,企業集団を,その集団において最大の持分を所有している親会社のものと考える。したがって,連結財務諸表を,親会社の立場で作成する,親会社の支配下にある企業集団の財務諸表として捉える。

また,この説によれば,連結財務諸表は,親会社の個別財務諸表を基礎として作成された企業集団の財務諸表として位置づけられる。　　（氏原茂樹）
☞親会社,持株基準,支配力基準,親会社持分,経済的単一概念

親会社持分（parent's equity）　　　　　　　　【貸借】

子会社の資本は,親会社に帰属する部分と少数株主に帰属する部分（少数株主持分）とに分けられる。前者の部分を親会社持分といい,公正に評価された子会社の純資産額に親会社の持分比率を乗じて計算される。親会社持分は親会社の投資（子会社株式）と相殺消去されるが,消去差異が生じることがある。これはのれんとしての性格を有し,のれん（連結調整勘定）として処理される。借方差異は無形固定資産,貸方差異は固定負債として表示する。
　　　　　　　　　　　　（石坂信一郎）
☞親会社概念,少数株主持分,のれん（連結調整勘定）

〔か〕

買入のれん (purchased goodwill)
【総 論】

買入のれんとは、取得原価（買収価額）が識別可能資産・負債の公正価値（時価）の純額を超過する額をいう。一般に買入のれんは客観的な測定が可能なので、資産として計上することが認められている。資産計上後の処理については、定額法のような規則的償却を強制する説と価値の下落（減損）があった場合にのみ費用化する説がある。わが国の「企業結合に係る会計基準」は両者を併用する説を採用し、20年以内の償却と減損を強制している。

(梅原秀継)

☞のれん、営業権、負ののれん、全部のれん、パーチェス法

海外売上高 (overseas sales)
【セグメ】

親会社と国内子会社による輸出売上高及び在外子会社による売上高の合計を「海外売上高」といい、国又は地域ごとの売上高を、連結財務諸表に注記しなければならない。ただし、その区分に属する売上高が少額（連結売上高の10％に満たない場合）の場合には、他の区分と一括して、適当な名称を付して記載することができる（連結財務諸表規則）。

海外依存度は、企業の将来性や安全度を評価するうえで、非常に重要な情報である。

(田中弘)

買掛金 (accounts payable)【キャッ】

連結キャッシュ・フロー計算書（間接法表示）での買掛金は、Ⅰ「営業活動によるキャッシュ・フロー」の部において、仕入債務の減少項目として表示された場合、キャッシュ・フローの減少（税金等調整前当期純利益を減額させる項目として）を意味する。

簡便法での連結キャッシュ・フロー計算書の作成では、単に合算された連結会社間のキャッシュ・フローから、連結会社相互間のキャッシュ・フローの相殺消去を行う必要がある。これは取引が親子会社間で行われた場合、1企業グループ内部の資金移動と考えられ、親子会社間の売上債権は相殺消去のために連結仕訳が行われる。

(川村文子)

☞間接法、営業活動、税金等調整前当期純利益、売掛金

外貨表示子会社財務諸表 (foreign currency financial statements of foreign subsidiaries)【換 算】

企業が海外において子会社を通じて事業活動を展開する場合、当該在外子会社の財務諸表は通常外国通貨で表示

されている。このように，外貨で表示されている在外子会社の財務諸表を外貨表示子会社財務諸表という。当該外貨表示子会社財務諸表は，連結財務諸表の作成にあたり，親会社の本国通貨に換算されるが，具体的換算方法は，「外貨建取引等会計処理基準」（企業会計審議会，最終改正1999年10月）などに規定されている。　　　（尹志煌）
☞在外会社

外貨表示財務諸表（foreign currency financial statements）【換算】

企業が在外子会社や関連会社等の在外事業体を通じて，海外で事業活動を行う場合，これらの事業体の財務諸表は通常外貨で表示されている。このような外貨で表示された財務諸表を外貨表示財務諸表という。外貨表示財務諸表には，外貨表示貸借対照表，外貨表示損益計算書，そして外貨表示キャッシュ・フロー計算書等がある。連結財務諸表の作成又は持分法の適用にあたり，当該外貨表示財務諸表は，親会社の本国通貨に換算される必要がある。具体的換算方法として，「外貨建取引等会計処理基準」は，海外で事業活動を展開する在外事業体を，在外支店と在外子会社等とに区分し，前者に対しては原則としてテンポラル法（資産・負債等の有する会計的属性を変更せずに換算を行う方法）を，他方，後者に対しては決算日レート法（資産・負債項目－純資産（資本）項目等を除く－を決算日レートで換算する方法）を適用している。　　　　　　（尹志煌）
☞テンポラル法，決算日レート法

外貨表示損益計算書（foreign currency income statement）【換算】

在外事業体が作成する，外貨で表示された損益計算書を外貨表示損益計算書という。外貨表示損益計算書は，連結財務諸表作成にあたり本国通貨に換算されるが，在外支店の損益計算書項目は原則として本店（親会社）の外貨建取引と同様の方法，すなわち，売上・仕入等を取引発生時のレートで換算する方法により，他方，在外子会社等の収益・費用項目は原則として期中平均レート（ただし，決算日レートによる換算も容認）により換算される。
　　　　　　　　　　　　　（尹志煌）

☞決算日レート法

外貨表示貸借対照表（foreign currency balance sheet）【換算】

在外事業体が作成する，外貨で表示された貸借対照表を外貨表示貸借対照表という。外貨表示貸借対照表は連結財務諸表作成にあたり，本国通貨に換算されるが，在外支店の換算に際しては原則として本店（親会社）の外貨建取引と同様の方法，すなわち，テンポラル法が，他方，在外子会社等に対しては決算日レート法が適用される。な

ガイコクホウ

お,在外子会社等の換算から生じる換算差額は,為替換算調整勘定として貸借対照表の純資産の部に計上される。

(尹志煌)

☞テンポラル法,決算日レート法,為替換算調整勘定

会計公準 (accounting postulates)
【総 論】

会計公準とは,会計理論や会計原則・会計基準を成立させる上での基礎的前提ないし基本的仮定のことをいう。この前提ないし仮定は,広く行われている会計慣行の中から帰納的に導き出される。今日では一般に,企業実体,継続企業(会計期間),貨幣的評価の三つが会計公準といわれているが,会計を取り巻く諸環境が変化して会計慣行が変化すれば,これら以外の内容が会計公準になることもありうる。

(大塚浩記)

☞企業実体の公準

外国法人 (foreign corporation)
【連納税】

外国法人とは内国法人以外の法人をいう。国内源泉所得を有するときに限って納税義務がある。国内源泉所得には国内での事業から生じる所得,国内での人的役務の提供から生じる所得,国内での不動産の貸付け等から生じる所得,利子所得,配当所得,工業所有権等の使用料又はその譲渡の対価等の11種類の所得からなる。外国法人である公益法人等と人格のない社団については,収益事業からの国内源泉所得に限って納税義務がある。 (成道秀雄)

☞内国法人

外国法人税 (foreign corporation taxes)
【連納税】

外国の法令に基づき外国又はその地方公共団体により法人の所得を課税標準として課される税である。超過利潤税や法人の所得を課税標準として課される税の附加税,法人の特定の所得につき,徴税上の便宜のため所得に代えて収入金額を課税標準として課される税等も外国法人税に含まれる。内国法人が納付した外国法人税は税額控除の対象となる。外国子会社から受ける配当等に係わって外国で納付した税額は外国法人税に含まれる。 (成道秀雄)

会社法 (company law) 【総 論】

これは,2005年6月に商法(会社に関する部分),有限会社法などを一つに再編・統合化した会社に関する法律であり,その内容としては,総則,株式会社,持分会社,社債,組織変更・合併・会社分割・株式交換及び株式移転,外国会社,雑則から構成されている。なお,これに関連して会計については,2006年2月に会社法施行規則と会社計算規則が公表されている。

(岩崎勇)

確定決算主義（definite settlement of accounts）　　　　　【連納税】

　法人の課税所得は，株主総会の承認又はその他これに準ずる機関の承認を受けた確定決算利益を基礎として，それに税法上の規定により修正（加算・減算）して計算しようとする考え方をいう。確定決算主義においては，一定の経理を要件とすること等，例えば法人が確定した決算において費用又は損失として経理すること（損金経理）を要件とする損益項目については，申告調整によって，その金額などを変更することができない。　　　　（柳裕治）

確定方式　　　　　　【株主資本/剰余金】

　親会社及び子会社の利益処分について，連結会計期間に確定した利益処分を基礎として連結決算を行う方法を確定方式という。連結会計期間に確定した利益処分が，前期の損益によるものである場合，期間帰属性の点で問題がある。わが国では，この方法が原則的な方法とされる。　　　　（岡崎英一）
☞繰上方式

貸倒引当金（allowance for doubtful debts）　　　　　　　　　　【貸　借】

　貸倒引当金とは，売掛金や貸付金のような営業上又は営業外の金銭債権の回収不能の見積額をいう。
　連結会社相互間におけるこの種の債権は，連結グループ全体においては内部取引の結果生じた債権となるので，連結処理に際しては相殺消去する必要がある。したがって，このような相殺消去の対象となった金銭債権に対して貸倒引当金を計上している場合には，この引当金は減額修正することになる。
　　　　　　　　　　　　　（瓶子長幸）
☞金銭債権・債務，貸倒引当金【キャッ】

貸倒引当金（allowance for doubtful debts）　　　　　　　　　　【キャッ】

　連結キャッシュ・フロー計算書（間接法表示）での貸倒引当金は，Ⅰ「営業活動によるキャッシュ・フロー」の部において，貸倒引当金の増加額項目として表示された場合，キャッシュ・フローの増加（税金等調整前当期純利益に加算される項目）を意味する。
　簡便法での連結キャッシュ・フロー計算書の作成では，単に合算された連結会社間のキャッシュ・フローから，連結会社相互間のキャッシュ・フローの相殺消去を行う必要がある。これは取引が親子会社間で行われた場合，1企業グループ内部の資金移動と考えられ，親子会社間の売上債権は相殺消去のために，連結仕訳が行われる。

　債権債務の相殺消去仕訳
　　（借）貸 倒 引 当 金　×××
　　　　（C/Fの増加）
　　（貸）貸倒引当金繰入　×××
　　　　（C/Fの減少）
　　　　　　　　　　　　　（川村文子）

カシツケキン

☞営業活動, 税金等調整前当期純利益, 売掛金, 受取手形, 貸倒引当金【貸借】

貸付金 (loans) 【キャッ】

連結キャッシュ・フロー計算書（間接法表示）での貸付金は, Ⅱ「投資活動のキャッシュ・フロー」の部の貸付けによる支出項目として表示される。

簡便法での連結キャッシュ・フロー計算書の作成では, 単に合算された連結会社間のキャッシュ・フローから, 連結会社相互間のキャッシュ・フローの相殺消去を行う必要がある。これは取引が親子会社間で行われた場合, 1企業グループ内部の資金移動と考えられ, 親子会社間の債権は相殺消去のために, 連結仕訳が行われ, さらに, 貸付金により発生した受取利息も相殺消去される。同利息は, Ⅰ「営業活動によるキャッシュ・フロー」の部の受取利息及び配当金, 支払利息項目として表示される。

債権債務の相殺消去仕訳
　　（借）借　　入　　金　×××
　　　　　受　取　利　息　×××
　　　　　（C/Fの増加）
　　（貸）貸　　付　　金　×××
　　　　　支　払　利　息　×××
　　　　　（C/Fの減少）

（川村文子）

☞間接法, 営業活動, 投資活動, 借入金

活動性分析 (activity analysis) 【分　析】

資本回転率を使用した分析領域をいい, 売上高を資本で割って算定され, 資産又は使用資本の利用効率の指標である。

収益性指標である資本利益率は売上高利益率と資本回転率とに分解されるので, 資本回転率を収益性分析領域の指標と見ることもできる。

資産全体の活動性指標には総資産（又は総資本）回転率が用いられ, 個別資産については売上債権回転率, 棚卸資産回転率, 固定資産回転率などが用いられる。

（渋谷武夫）

☞連結財務諸表分析, 安全性分析, 収益性分析, 生産性分析, 成長性分析, 資本回転率

加入 (affiliation) 【連納税】

設立や適格合併などを通じて, 連結親法人の100％子法人となり, 新たに連結納税グループに加わることを加入という。加入の前後にみなし事業年度を設け, 原則として加入前の期間については単体納税制度により, 加入以後の期間については連結納税制度の下で, 申告納付を行う。加入に際しては, 加入する法人の一定資産について時価評価を行うが, 適格合併等による100％子法人等については, 時価評価の適用対象とならない。

（春日克則）

☞連結親法人, 離脱

株式交換（exchange of shares）
【総　論】
　既存の会社が株式の交換を行って完全親子会社関係を創出するための制度である。より具体的には、既存のある会社（甲社）が、他の会社（乙社）の株主の保有するすべての（乙社）株式と親会社になる会社（甲社）の株式とを交換することによって、完全親子会社関係を創出するものである。株式移転が、新しい会社を設立して完全親会社（持株会社）を作るのに対して、株式交換では既存の会社間で完全親子会社関係が創出される点が異なっている。
(岩崎勇)
☞完全親子会社

株式分割（split of shares）【総　論】
　既に発行されている株式を分割して、発行済株式の数を増加させることである。理論的には、発行済株式数は増加しても、その分資金の会社への流入がないので、株主資本に変化はなく、株価は分割比率に応じて下がることになる。この制度を適用する長所としては、1株当たりの価額（株価）が下がり、株式の流動性が高まり、株式の売買がしやすくなり、株式数が増加するということなどがある。　　　　　(岩崎勇)

株主資本（shareholders' capital）
【貸　借】
　純資産の部の中心的な構成要素で、純粋に株主に属する資本のことである。これは、企業（集団）の出資者である株主からの出資額とその運用成果とから構成されている。より具体的には、これには、資本金、新株式申込証拠金、資本剰余金（資本準備金、その他資本剰余金）、利益剰余金（利益準備金、その他利益剰余金）、自己株式、自己株式申込証拠金が含まれる。なお、親会社説を採用するので、少数株主持分は、純資産の末尾に（株主資本とは別に）表示される。　　　　　(岩崎勇)
☞純資産、資本金、新株式申込証拠金、資本剰余金、利益剰余金、自己株式等の表示、自己株式申込証拠金、少数株主持分

株主資本等変動計算書（statement of stockholder's equity）
【株主資本/剰余金】
　株主資本等変動計算書は、株主総会や取締役会の決議により剰余金の配当をいつでも何回でも決定できること、純資産の部の計数の変動が可能なことなどから、資本金、準備金及び剰余金等の数値的繋がりを貸借対照表や損益計算書で把握することが難しいため、2005年7月26日の改正会社法で導入された。開示内容としては、株主資本の項目は変動事由ごとに各金額を記載し、株主資本以外の項目は当期変動額を純額で記載する。　　　　　(近田典行)
☞連結株主資本等変動計算書

カヘイヒカヘ

貨幣・非貨幣法(monetary-nonmonetary method)　　【換算】

貨幣・非貨幣法とは，貨幣項目（貨幣及び金銭債権債務）については決算日の為替相場（CR：current rate）を採用し，非貨幣項目については取得時または発生時の為替相場（HR：historical rate）を用いて換算を行う方法である。貨幣項目のうち，貨幣性資産には，外国通貨，外貨預金，外貨建金銭債権（受取手形，売掛金，未収金，貸付金など）があり，貨幣性負債には，外貨建金銭債務（支払手形，買掛金，未払金，借入金など）がある。

（柴田寛幸）

☞流動・非流動法

借入金(borrowing)　　【キャッ】

連結キャッシュ・フロー計算書（間接法表示）での借入金は，「財務活動のキャッシュ・フロー」の部の借入による収入項目として表示される。

簡便法での連結キャッシュ・フロー計算書の作成では，単に合算された連結会社間のキャッシュ・フローから，連結会社相互間のキャッシュ・フローの相殺消去を行う必要がある。これは取引が親子会社間で行われた場合，一企業グループ内部の資金移動と考えられるため，連結キャッシュ・フロー計算書作成に際し，親子会社間の債務は相殺消去のための連結仕訳が行われ，その際発生した支払利息も相殺消去される。

（川村文子）

☞間接法，財務活動，貸付金

為替換算調整勘定（translation adjustments)　　【換算】

在外子会社等の外貨表示貸借対照表項目換算に際して発生する換算差額を，為替換算調整勘定という。在外子会社の貸借対照表項目の換算には決算日レート法が適用されるが，当該換算方法は具体的には，資産・負債項目を一律に決算日レートで換算し，純資産項目に対してはそれぞれの項目が発生した時点のレートを適用する方法である。純資産項目には，親会社による株式取得時における項目や，株式取得後に生じた項目など様々な項目があり，ここでは必ずしも決算日のレートが適用されるとは限らない。したがって，資産・負債項目には決算日レート，他方，純資産項目に対しては各項目ごとに異なるレートが適用された結果，換算上差額が生じることになる。当該換算差額は為替換算調整勘定として，連結貸借対照表の純資産の部に計上される。

（尹志煌）

☞決算日レート法，為替換算調整勘定

関係会社　　【総論】

財務諸表等規則第8条第8項に基づけば，関係会社とは，法の規定により財務諸表を提供すべき会社（以下「財務諸表提出会社」という）の親会社，

子会社及び関連会社並びに財務諸表提出会社が他の会社等の関連会社である場合における会社等をいう。

(徳田行延)

☞親会社,子会社,関連会社

換算差額(在外子会社等の財務諸表項目)(translation differences)【換　算】

　換算差額とは,在外子会社等の財務諸表項目の換算にあたって,異なる為替相場を用いる結果生じる差額をいう。外貨建取引等会計処理基準によれば,在外子会社等の資産・負債と純資産の異なる為替相場による換算の結果生じた換算差額は,為替換算調整勘定として貸借対照表の純資産の部に記載し,親会社との取引における収益・費用を親会社が用いる為替相場による換算の結果生じた換算差額は,当期の為替差損益として処理する。　(小林秀行)

☞在外会社,為替換算調整勘定

換算法(在外子会社等の財務諸表項目) (translation methods)【換　算】

　換算法とは,在外子会社等の外貨表示財務諸表項目の換算にあたって,いかなる為替相場を選択適用するかの方法をいう。外貨建取引等会計処理基準によれば,資産・負債項目については決算時の為替相場を,純資産項目については親会社による株式取得時と,取得後,項目の内容などに従って,取得時,発生時,決算時の為替相場を適用

する換算法による。また,収益・費用項目については期中平均相場を適用する換算法を原則とする。　(小林秀行)

間接法 (indirect or reconciliation method)【キャッ】

　連結キャッシュ・フロー計算書を作成する際に,個別キャッシュ・フロー計算書を基礎とする方法(原則法)と連結財務諸表を基礎とする方法(簡便法)がある。どちらの方法によっても,「営業活動によるキャッシュ・フロー」の表示方法の相違で直接法と間接法とがあるが,実務上は間接法表示による簡便法の採用が多い。

　間接法は,税金等調整前当期純利益に非資金損益項目,営業活動に係る資産及び負債の増減等を加減することで,表示する方法である。間接法によれば,当期純利益に必要な調整計算することで営業活動に係るキャッシュ・フローとの関係が明示される。　(中嶋隆一)

☞連結キャッシュ・フロー計算書,直接法

完全親子会社 (parent and wholly owned subsidiares)【連納税】

　完全親子会社とは,子会社の発行済株式のすべてを所有する完全親会社とこれによって支配される完全子会社のことである。株式交換,株式移転などによって,かかる関係は可能となる。なお,同様の関係は,連結親法人と完

カンレンガイ

全支配関係にある連結子法人を一つの課税単位とする連結納税制度にもこれをみることができる。　　（福浦幾巳）
☞子会社，株式移転，株式交換

関連会社 (affiliated companies)
【総　論】

　関連会社とは，ある会社が，出資，人事，資金，技術，取引等の関係を通じて，子会社以外の他の会社等の財務及び営業又は事業の方針の決定に対して重要な影響を与えることができる場合における当該子会社以外の他の会社等をいう。関連会社の判定は，(1)子会社以外の他の会社等の議決権の百分の二十以上を自己の計算により所有している場合，(2)議決権が百分の十五以上二十未満であっても，一定の要件に該当する場合，及び(3)自己の計算において所有している議決権と，自己と親密な関係にある者等が所有する議決権とをあわせて，子会社以外の他の会社等の議決権の百分の二十以上を占め，かつ，一定の要件に該当する場合に該当するか否かによって判断する。

（徳田行延）

☞子会社，関係会社

〔き〕

期間差異 (timing differences)
【税効果】

　期間差異とは，繰延法による税効果会計において，収益又は費用の帰属年度の相違から生ずる会計上の収益又は費用の金額と課税所得計算上の益金又は損金の金額との差額をいう。期間差異に該当する項目は，すべて一時差異に含まれるが，資産の評価替えにより生じた評価差額が純資産直入され，かつ，課税所得の計算に含まれていない場合に生ずる「その他有価証券評価差額金」などは，一時差異ではあるが期間差異ではない。　　（橋本尚）
☞一時差異【税効果】，永久差異，その他有価証券評価差額金

期間配分 (allocation between periods)
【税効果】

　税効果会計においては，貸借対照表上の資産及び負債の金額と課税所得計算上の資産及び負債の金額との差額のうち，一時差異に対する税金の額を一時差異が解消するまで，適切な会計期間に配分することになる。例えば，会計上は定額法で減価償却を行い，税務上は定率法によって減価償却を行っているような場合には，損益計算上減価

償却にかかる一時差異を税務上の耐用年数にわたり，法人税等調整額勘定を使って調整することとなる。

(小俣光文)

☞一時差異，法人税等調整額

期間比較 (comparison between periods) 【分析】

同一企業の当期の数値（比率などを含む）と前期（以前）の数値と比較することである。これによって，その企業の経営状況が改善してきているのか，反対に悪化してきているのかの分析ができ，企業間比較とともに経営分析で非常によく用いられる手法の一つである。これは，当期だけの数値では，その企業の状況を的確に分析できないために，当期数値と過年度数値を比較することによって，当期の数値を相対化するために用いられる方法である。

(岩崎勇)

☞企業間比較，統計値比較法

企業会計基準委員会 (Accounting Standards Board of Japan) 【総論】

企業会計基準委員会は，(財)財務会計基準機構の中に位置づけられている民間の独立した機関である。当委員会は，一般に公正妥当と認められる企業会計の基準の研究開発や企業会計諸制度に関する調査研究及び提言を行うこと並びにIASBとの連携をはかりつつ国際的な会計基準の設定に貢献することを目的にしている。企業会計基準委員会には，国際対応専門委員会，実務対応専門委員会のほかに，金融商品専門委員会，企業結合専門委員会など各種専門委員会が設置されている。

(氏原茂樹)

☞企業会計審議会

企業会計原則 (business accounting principles) 【総論】

企業会計原則は，1949年7月に経済安定本部企業会計制度対策調査会（現企業会計審議会）から公表され，その後，何度か改定されてきた。同原則は，一般原則，損益計算書原則，貸借対照表原則から構成されている。1999年1月に，企業会計審議会から金融商品会計基準が公表されたことにより，金融資産・負債を中心として時価評価が導入された。近年，順次，新会計基準が公表されているが，企業会計原則の当初の考え方は，「一般に公正妥当と認められる企業会計の基準」という表現で生きている。

(氏原茂樹)

☞一般原則

企業会計審議会 【総論】

企業会計審議会は，大蔵省組織令に基づいて，1952年に設置された審議会であり，企業会計の基準及び監査基準の設定，原価計算の統一，企業会計制度の整備改善その他企業会計に関する

キギヨウカイ

重要な事項について，調査審議し，その結果を報告する（83条①）ためのパブリック・セクターである。企業会計審議会で，企業会計原則を何度か修正してきたが，1982年が最後となった。

なお，2001年7月に，民間の会計基準設定機関である財団法人財務会計基準機構が設立され，その下に，企業会計基準委員会が設置され，会計基準を公表している。　　　　　（氏原茂樹）
☞企業会計基準委員会

企業会計法（corporate accounting law）　　　　　【総　論】

企業の会計又は監査についての法令あるいはそれらの法令の個々の規定の総称。企業会計法には，少なくとも，商法，会社法，金融商品取引法（証券取引法）の一部及びそれらの法律を前提とする通達・事務連絡等が含まれる。例えば，連結財務諸表規則，監査証明府令等が含まれる。さらに，銀行法，保険業法等の業法及びそれらの委任による政省令や通達等も企業会計法の一部をなす。　　　　　　　（弥永真生）
☞商法，会社法，証券取引法

企業間比較（comparison between corporations）　　　【分　析】

ある企業の数値（比率などを含む）を同業他社の数値と比較することである。これによって，その企業の経営状況が良好なのか否かの分析ができ，期間比較とともに経営分析で非常によく用いられる手法の一つである。これは，自社の数値だけでは，その企業の状況を的確に分析できないために，その企業の数値と他社の数値を比較することによって，その企業の数値を相対化するための手法である。なお，比較にはできるだけその企業と類似性が多い企業を選ぶことが大切である。（岩崎勇）
☞期間比較，統計値比較法

企業実体の公準（postulate of business entity）　　【総　論】

企業実体の公準とは，出資者とは別個に企業という独立した主体の存在を仮定して，会計上の記録・計算・表示が行われる場所を限定する公準である。この公準によって，出資者のものとは別個の企業の資産・負債・純資産という概念が成立する。この限定された場所を会計単位ということもあるが，その場合には法律上の会社という法的単位だけでなく，本店・支店，企業集団，事業部やセグメントといった経済的単位も含まれる。　　　　　（大塚浩記）
☞会計公準

企業評価（valuation of business）　　　　　　　　【分　析】

企業評価とは，企業の価値を金額的に算出することである。一般に企業評価は，M＆Aや企業再生の局面，また，経営戦略の策定に当たって企業価値の

最大化を図る方策を決定する局面などで考慮検討される。具体的な企業価値評価法には、(1)株式の時価総額、(2)株価収益率、(3)将来の予測されるキャッシュ・フローをDCF法により現在価値に割り引く方法、(4)財務諸表分析などによって評価する方法がある。昨今、グループ連結経営の強化やグループ連結価値の最大化、グループ連結経営の業績管理のための企業評価が重要視されている。一方で、企業価値は、ステークホルダー全体に対するものであるから、企業評価に対する要求水準や情報の質はそれぞれ異なるものとなる。また、企業価値創造の視点からの企業評価は、経営者や従業員の潜在的能力、商品開発力、ブランド価値、さらに社会的存在価値や組織的価値などの非財務指標を総合的に考慮し、各戦略を企業価値に照らして評価しなければならない。　　　　　　　　　（奥村輝夫）
☞M＆A、割引キャッシュ・フロー（DCF）法

キャッシュ・フロー（cash flow）　【キャッ】

キャッシュ・フローは、キャッシュ・インフローとキャッシュ・アウトフローから成り立っている。キャッシュ・フロー計算書では、営業・投資・財務活動の三つに分類して一会計期間のキャッシュ・フローを示している。その他、「当期純利益＋減価償却等」やフリー・キャッシュ・フローを示す用語でもある。また、企業価値評価の一手法である割引現在価値法により、将来キャッシュ・フローを現在価値に割り引いて計算した数値を表す場合もある。　　　　　　　　（鈴木基史）
☞キャッシュ・フロー経営、キャッシュ・フロー分析、フリー・キャッシュ・フロー

キャッシュ・フロー経営（cash flow management）　【キャッ】

キャッシュ・フロー経営とは、キャッシュ・フローに着目して、経営の効率性や健全性などを高めていく経営手法である。ここで用いられる「キャッシュ・フロー」はフリー・キャッシュ・フローであり、これを最大化し、企業価値を高めていこうとするものである。企業価値の評価は、将来キャッシュ・フローの割引現在価値で示されることから、それを増加させるような経営の進め方をキャッシュ・フロー経営という。キャッシュ・フロー計算書で示される数値は、過去のキャッシュ・フローであり、これと経済的数値との比較が重要となる。
　　　　　　　　　　　　（鈴木基史）
☞キャッシュ・フロー、キャッシュ・フロー分析、フリー・キャッシュ・フロー経営

キャッシュ・フロー計算書 (cash flow statement) 【キャッ】

FASBが1987年に作成を義務づけ，普及してきた新しい財務表である。現金及び現金同等物という「資金」が，期首から期末にかけてどのように変動したか，その原因を明らかにするための財務諸表である。企業活動を，営業・財務・投資活動の三つに区分し，この区分に基づき資金の流れを示すために作成・表示されるものである。この計算書の目的は，現金創出能力を知ること，支払能力を判断すること，利益の質を評価することなどにある。

(鈴木基史)

☞キャッシュ・フロー，キャッシュ・フロー経営，キャッシュ・フロー分析

キャッシュ・フロー分析 (cash flow analysis) 【分 析】

キャッシュ・フロー計算書から得られるキャッシュ・フロー情報を使って企業の資金繰りや支払能力などを分析する手法をいう。キャッシュ・フローの分析では，まず，営業キャッシュ・フローが継続的にプラスであるか否か，次に，フリー・キャッシュ・フローがプラスであるか否かが重視される（ただし，短期的には健全な企業でもマイナスになることがある）。よく用いられる比率にはキャッシュ・フロー・マージン，1株当たりキャッシュ・フロー，固定負債対営業キャッシュ・フローなどがある。

(渋谷武夫)

☞キャッシュ・フロー，キャッシュ・フロー経営，キャッシュ・フロー分析，フリー・キャッシュ・フロー

金銭債権・債務 (monetary claims and liabilities) 【貸 借】

金銭債権とは，金銭により回収される債権をいう。したがってその評価は回収可能性の観点から行われ，回収不能見積額が貸倒引当金の計上を通じて債権額から控除される。金銭債務とは，金銭により支払われる債務をいう。連結では，まず子会社のこの種の債権・債務が公正な評価額で評価され，子会社の対応する簿価との差額は子会社の資本（純資産）となる。その後その債権・債務が相殺消去され，当該貸倒引当金が調整されることになる。

(瓶子長幸)

☞貸倒引当金【貸借】

〔く〕

繰上方式 【株主資本／剰余金】

親会社及び子会社の利益処分において，連結会計期間の利益に係る利益処分を基礎として連結決算を行う方法を繰上方式という。連結会計期間の利益に基づいているという点では合理的であるが，連結決算時点で，まだ利益処分が行われていない場合に，利益処分の確定性の点で問題が生じる。わが国では，この方法によることも認められている。 （岡崎英一）
☞親会社，子会社，確定方式

繰越欠損金 (loss carried forward) 【連納税】

当該事業年度の益金の額と損金の額を比較して，後者が前者を超過する金額を（連結）欠損金額という。この点について，一定の要件を充たした場合，その事業年度前に生じた（連結）欠損金額は，翌事業年度以降に生じた所得金額と通算することができる。これを（連結）繰越欠損金という。（連結）繰越欠損金は，原則として，7年間の繰越控除ができる。 （福浦幾巳）

繰延資産 (deferred charges) 【貸借】

既に代価の支払いが完了し又は支払義務が確定し，これに対する役務の提供を受けたにもかかわらず，その効果が将来にわたって発現すると期待される場合，当該費用を，その効果が及ぶ期間に配分するために，次期以降に繰延べることができる。その結果経過的に資産として計上されるものが繰延資産である。会社計算規則では個別項目は列挙されず，繰延資産として計上することが適当であると認められているものを区分して計上すると，規定されるだけで，償却方法，期間の定めもない。実務対応報告によると，①株式交付費，②社債発行費等，③創立費，④開業費，⑤開発費が繰延資産として限定列挙されている。①②については3年以内，③〜⑤については5年以内にいずれも定額法により償却しなければならない，としている。 （千葉啓司）

繰延税金資産・負債 (deferred tax asset and deferred tax liability) 【税効果】

繰延税金資産・負債とは，企業会計上の資産又は負債の額と課税所得計算上の資産又は負債の額に相違がある場合に，その差額に係る税金を繰延税金資産又は繰延税金負債として，企業会計で，経過的に次年度以降に繰り延べた資産又は負債の額のことをいう。繰

延税金資産は，流動資産又は投資その他の資産とし，繰延税金負債は，流動負債又は固定負債として表示する。
(野田秀三)
☞税効果会計

繰延ヘッジ損益（deferred hedge profit and loss）　【貸　借】

繰延ヘッジ会計の適用により発生する科目（詳細は「金融商品会計基準」等を参照のこと）のことで，ヘッジ対象に係る損益が計上されることになるまで，時価評価されているヘッジ手段の評価差額等における損益の計上を繰延べ処理したときの時価評価差額のことをいう。繰延ヘッジ損益は，以前は貸借対照表の資産又は負債に表示したが，性質が類似する「その他有価証券評価差額金」と同様に，純資産の部の「評価・換算差額等」の欄に表示することになった。　(岩崎功)
☞評価・換算差額等

繰延法（deferral method）【税効果】

税効果会計を適用する際の法人税等の会計処理の一つである。この方法のもとでは，会計上の収益及び費用の額と課税所得計算上の益金及び損金の額の期間帰属に基づく差異に係る法人税等の額を繰延べて，当該期間差異が解消される年度に対応させる。期間差異が発生した年度の税引前純利益と法人税等の額の対応を重視するため，税効果は発生年度の税率を適用して計算し，次期以降に税率の変更があっても再計算（修正）されることはない。
(杉山晶子)
☞税効果会計，期間差異

〔け〕

経過勘定項目 (accruals and deferrals) 【貸借】

一定の契約に基づいて、時の経過に従って役務を授受する場合、当該役務に対して代金の未払い・未収、前払い・前受けが生じることがある。当期の役務の享受に対する未払いは未払費用（負債）、当期の役務の提供に対する未収は未収収益（資産）、役務の享受に対する前払いは前払費用（資産）、将来の役務の提供に対する前受けは前受収益（負債）と呼ばれる。未払費用・未収収益を見越項目、前払費用・前受収益を繰延項目という。（千葉啓司）

経済的実体 (economic entity) 【総論】

企業実体の公準は、企業という実体（entity）を、会計上、その所有者とは別個の者と見るというものであるが、企業実体という概念は法的実体のみならず、経済的実体を指すことがある。すなわち、企業集団が形成されるのが一般的になると、支配従属関係にある企業集団を単一の経済的実体（組織体）とみて、一つの会計単位として、連結財務諸表の作成が要請されることになる。（弥永真生）

☞法的実体

経済的単一体概念 (economic unit concept) 【総論】

経済的単一体概念は、企業集団の本質の捉え方に関する概念であり、企業集団を構成するあらゆる会社を一つの経済的単位として捉え、企業集団を親会社株主のほかに少数株主を含めたすべての株主のものと考える。したがって、連結財務諸表は、企業集団を構成するすべての構成員のために作成され、親会社とは区別された企業集団そのものの財務諸表として位置づけられる。なお、この概念は、経済的な支配を重視するため、連結の範囲の決定は、支配力基準によることになる。

（氏原茂樹）

☞支配力基準、親会社概念

計算関係書類 (accounting related documents) 【総論】

会社法上で作成することが要求されている会社計算に関係する書類のことであり、計算書類を拡大した概念である。より具体的には、これには、①会社成立日における貸借対照表、②各事業年度に係る計算書類（貸借対照表、損益計算書、株主資本等変動計算書、個別注記表）及びその附属明細書、③臨時計算書類（臨時貸借対照表、臨時損益計算書）、④連結計算書類（連結貸借対照表、連結損益計算書、連結株

ケイジョウソ

主資本等変動計算書, 連結注記表) が含まれる。　　　　　　　（岩崎勇）
☞連結計算書類

経常損益計算 (ordinary income and loss section) 【損　益】

　経常損益計算とは, 営業損益計算の算出の結果に営業外収益を加算し, 営業外費用を減算して経常利益 (損失) を算出する連結損益計算書上の計算領域をさす。連結ベースでは, 持分法による投資利益は営業外収益項目に, 持分法による投資損失は営業外費用項目に計上される。のれん(連結調整勘定)が負債計上された場合の負ののれん償却 (連結調整勘定償却) 額は, 営業外収益となる。連結企業相互間の受取配当金と配当金, 受取利息と支払利息などの取引は, 相殺消去される。
　　　　　　　　　　（徳山英邦）
☞のれん(連結調整勘定), のれん償却 (連結調整勘定償却)

経常利益 (ordinary profit) 【損　益】

　経常利益とは, 損益を発生源泉別に区分表示する損益計算書の損益計算結果の一つであり, 営業損益計算の結果に営業外収益を加算し, 営業外費用を減算して計算・表示する。経常利益は報告企業集団が毎期反復的に行っている活動 (すなわち主たる営業活動と財務活動など) の成果を表している。正常な営業活動の成果に, 資金調達などの財政状態の影響が反映されるので, 経常利益は報告企業集団の総合的な収益力を表している。　　　（大塚浩記）
☞営業損益計算, 営業外収益, 営業外費用

継続性の原則 (principle of continuity) 【総　論】

　この原則は, 第4原則として「連結財務諸表作成のために採用した基準及び手続は, 毎期継続して適用し, みだりにこれを変更してはならない。」と規定されている。
　この原則は, 「企業会計原則」の継続性の原則と同一の趣旨のものである。個別財務諸表作成にあたり, 同「原則」のこの原則が適用されるのはもとより, 連結財務諸表作成にこの原則が適用されれば連結財務諸表の相対的真実性が担保される。　（髙木秀典）
☞真実性の原則, 個別財務諸表基準性の原則, 明瞭性の原則

決算日レート法 (closing rate method) 【換　算】

　決算日レート法とは, 原則として, すべての財務諸表項目に関して決算日の為替相場 (CR) を用いて換算する方法である。これは, 在外子会社の独自性を重視する現地主義の考え方を基礎とするものである。これに対して複数レート法は, 在外支店の換算に関して本国の会計処理と一貫したものを要

求するので，本国主義と呼ばれる思考を基礎としている。　　　　（柴田寛幸）
☞修正テンポラル法，テンポラル法

減価償却累計額（accumulated depreciation）　　　　　　【貸借】
　有形固定資産の取得原価から残存価額を差し引いた金額を耐用年数にわたって，一定の規則に従い減価償却費として費用配分する手続きを減価償却という。残存価額は耐用年数経過時の予想処分価額で，取得原価からこれを差し引いた金額を要償却額という。定額法，定率法，生産高比例法などの一定の計算方法に従って，各期の減価償却費の金額が決められる。減価償却累計額とは，過年度に費用化された減価償却の累計額のことであり，貸借対照表上有形固定資産から控除する形式で表示する。　　　　　　　（千葉啓司）
☞減価償却費【損益】

減価償却費（depreciation）　【損　益】
　連結会社相互間の取引によって取得した固定資産に未実現損益が存在する場合で，ダウン・ストリームのときには，全額消去・親会社負担方式により，当該未実現利益を消去するとともに，未実現利益消去後の金額に基づく減価償却費額に修正するために，減価償却費の修正仕訳を行う。なお，子会社が売手の場合（アップ・ストリーム）などで，少数株主が存在する場合には，未実現損益消去による純損益の増減は，持分比率に基づき少数株主持分に按分するとともに，減価償却費の修正による分も持分比率に基づき少数株主持分に按分する。　　　　　　　（岡崎英一）
☞未実現損益，全額消去・持分比率負担方式，減価償却累計額，減価償却費【キャッ】

減価償却費（depreciation）　【キャッ】
　「営業活動からのキャッシュ・フロー」を間接法により求める場合，減価償却費は，非資金費用（現金支出を伴わない費用）として税金等調整前当期純利益に加算することになる。現金支出のない減価償却費は，費用計上により当期純利益を少なくしている。そこで，間接法による当期純利益には現金収支額と一致させるために減価償却費を加算する必要がある。減価償却費以外に当期純利益に加算する非資金費用には，各種引当金繰入額などがある。
　　　　　　　　　　　　（岩崎功）
☞営業活動，非資金項目，減価償却費【損益】

現金及び現金同等物（cash and cash equivalents）　　　　　【キャッ】
　キャッシュ・フロー計算書に採用されている資金概念である。内容は，手元現金と当座預金，普通預金及び通知預金等の要求払預金並びに現金同等物として容易に換金可能で，かつ価値の

ゲンソン

変動について僅少なリスクしか負わない短期投資の資産である3ヶ月以内の定期預金,譲渡性預金,コマーシャル・ペーパー,売り戻し条件付現先,公社債投資信託などが含まれる。なお,当座借越は,貸借対照表において短期借入金として処理されるが,キャッシュ・フロー計算書では負の現金同等物とみなされる。　　　　(齋藤幹朗)
☞連結キャッシュ・フロー計算書,キャッシュ・フロー計算書

減損 (impairment of assets)
【貸　借】

　固定資産の収益性が低下したことにより,投資額の回収が見込めなくなった場合に,一定の条件の下で当該固定資産の回収可能性を反映させるようにその帳簿価額を減額する会計処理をいう。帳簿価額を減額した場合には,減損損失(特別損失)が認識される。

　一定の条件とは,次の基準をすべて満たした場合をいう。まず,(1)減損の対象資産ないし資産グループに減損の兆候があり,次に(2)当該資産ないし資産グループの生み出す割引前将来キャッシュ・フローの総額が帳簿価額を下回り,最終的に(3)回収可能額が帳簿価額を下回った場合,減損処理が行われる。

　減損の兆候は企業内部の情報や資産の市場価格などの企業外部の情報に基づき判断される。割引前将来キャッシュ・フローを見積もる期間は,資産の経済的残存使用年数と20年のいずれか短い方である。また回収可能額とは,正味売却価額と将来キャッシュ・フローの現在価値のいずれか高い金額をいう。　　　　　　　　(千葉啓司)
☞特別損失,割引キャッシュ・フロー(DCF)法

〔こ〕

控除対象個別帰属調整額 (deductible adjustment attributable to individual corporation) 【連納税】

連結納税制度適用開始前の欠損金は,連結親法人の適用開始前7年以内の繰越欠損金等の一定のものに限り,連結繰越欠損金とみなして繰越控除できる。ただし,租税回避防止・増税措置のために,連結子法人の適用開始前の繰越欠損金は切り捨てられる。法人住民税の課税標準の計算上,控除対象個別帰属調整額を控除できるが,これは連結納税制度適用前の繰越欠損金・災害損失による欠損金額に法人税率を乗じた金額である。　　　　　　（菊谷正人）
☞連結欠損金

構成比率法 (common size statements analysis method) 【分析】

比率分析の一方法であり,損益計算書や貸借対照表などを構成する部分や項目について,全体に対して占める割合を百分率で示すことにより,経営成績や財政状態などを分析する方法である。

たとえば,損益計算書の売上高を100％とし,各種利益や費用の構造などを分析したり,貸借対照表の総資産（資本）額を100％とし各種資産の構成状況や調達源泉の割合を分析したりすることなどが考えられる。これは,企業規模にかかわらず,財務的特性を考察するのに有用な方法である。

（泉宏之）
☞比率分析

後発事象 (subsequent events) 【総論】

後発事象とは,連結決算日後に発生した事象で,次期以降の財政状態及び経営成績に影響を及ぼすものをいう。

後発事象には,一般に,決算日においてすでに存在していた見積や予測を含んだ状況が決算日以後に確実になった場合のものと,決算日以後に新しい状況が発生したものという二種類のものがある。

連結財務諸表を作成する日までに発生した重要な後発事象は注記しなければならない。　　　　　　（大倉学）
☞注記事項,連結注記表

子会社 (subsidiary companies) 【総論】

子会社とは,親会社により財務及び営業又は事業の方針を決定する機関（意思決定機関）を支配されている会社のことである。子会社の判定は,親会社による議決権の所有割合以外に,意思決定機関への実質的支配を示す一定の要件に該当する事実の存在の有無

コガイシヤカ

などによりなされる。

また，親会社及び子会社又は子会社が，他の会社を支配している場合における当該会社等もその親会社の子会社と見なされる。　　　　（徳田行延）
☞親会社

子会社株式の一部売却（partial sale of subsidiary stocks）　【総論】

親会社が子会社株式の一部を売却すると，親子関係が解消される場合と親子関係は維持されたままで親会社の支配割合が低下する場合がある。前者の場合には，連結の範囲から除外する。後者の場合，売却持分及び増加する少数株主持分の計算方法として，①部分時価評価法及び②全面時価評価法が認められている。①部分時価評価法によれば，それらを子会社の個別貸借対照表の資本簿価に基づいて計算し，売却持分に含まれる評価差額はそれと対応する子会社の資産及び負債と相殺される。他方，②全面時価評価法による場合には，売却持分と同額とする。
　　　　　　　　　　　（徳賀芳弘）
☞少数株主持分，全面時価評価法，部分時価評価法

子会社株式売却損益（gain or loss of sales of subsidiary stocks）　【損益】

子会社株式の売却は，個別会計上は子会社株式の売却取引として処理するが，連結会計上は持分の売却取引とみなし，売却した株式に対応する親会社の持分を減額し，少数株主持分を増額する。その際，売却による親会社の持分の減少額と，個別上の処理による投資の減少額との差額は，子会社株式売却損益の修正額として処理する。また，のれん（連結調整勘定）についても，未償却額のうち売却した株式に対応する額について子会社株式売却損益の修正額として処理する。　　（岡崎英一）
☞子会社株式の一部売却，少数株主持分，のれん（連結調整勘定）

子会社資産・負債の評価（valuation of assets and liabilities of subsidiaries）　【貸借】

子会社資産・負債の評価については，連結財務諸表原則（第四の二の1）によれば，「部分時価評価法」か「全面時価評価法」のいずれかを選択して公正な評価額により評価することを認めている。「部分時価評価法」は，株式の取得日の子会社に対する親会社持分を明確にするという考え方に基づいている。また「全面時価評価法」は，子会社が企業グループの一員になったという事実を重視する考え方といわれる。
　　　　　　　　　　　（黒川保美）
☞子会社資産・負債の評価差額，部分時価評価法，全面時価評価法

子会社資産・負債の評価差額（valuation variance of assets and liabilities of subsidiaries）　【貸借】

子会社資産・負債の評価差額の把握方法には,「部分時価評価法」と「全面時価評価法」がある。「部分時価評価法」とは,子会社資産・負債のうちの親会社の持分は,株式の取得日に時価評価し,少数株主持分は,子会社の個別財務諸表上の金額で評価する方法である。2回以上にわたり株式の取得が行われるとき,取得日ごとに時価評価が行われる。また「全面時価評価法」とは,子会社資産・負債のすべてを支配獲得日の時価で評価する方法である。2回以上にわたり株式の取得が行われるときでも,支配獲得日の時価で一括して評価され,少数株主持分もすべて評価替される。　（黒川保美）
☞子会社資産・負債の評価,部分時価評価法,全面時価評価法,少数株主持分

子会社の欠損（deficit of subsidiaries）　【貸借】

子会社の資本のうち,親会社に帰属しない部分が少数株主持分となる。

子会社に欠損があるとき,子会社にかかわる少数株主持分の割当額が契約による少数株主の負担すべき額を超えた場合,その超過額は,親会社の持分負担となる。すなわち,子会社の欠損を親会社が負担する額は,少数株主持分の超過額ではなく,少数株主持分が負担すべき額の超過額である。

（黒川保美）

☞少数株主持分

子会社の支配獲得（obtaining control of subsidiaries）　【総論】

ある会社が他の会社との間に支配従属関係が成立した時点で,当該従属会社を子会社とみなす。他の会社を支配しているかどうかを決定する基準には,①持株基準と②支配力基準の二つがある。①持株基準においては,議決権株式の過半数を所有しているという事実の有無が支配の判定基準となる。他方,②支配力基準においては,議決権の所有割合に加えて取締役の派遣・融資・技術供与・取引関係などを通じて意思決定機関を実質的に支配しているかどうかが支配の判定基準となる。なお,現行基準では,後者の支配力基準が採用されている。　（徳賀芳弘）
☞持株基準,支配力基準

子会社の範囲（scope of subsidiaries）　【総論】

支配力基準により連結の範囲に含まれる子会社を「連結子会社」という。そこには全ての従属会社が含まれるのではなく,情報の有用性や信頼性の観点から,一時的支配会社や,連結すると利害関係者の判断を誤らせる恐れのある破産・更生会社,超インフレ下や

戦時下にある在外法人などは連結除外される。一方,小規模子会社については重要性の観点から連結ではなく,簡便法の持分法による合算が認められる。
(近田典行)

☞支配力基準

国際会計基準 (international accounting standards；IAS) 【総　論】

国際会計基準委員会 (IASC) が公表した会計基準である。IASCは,1973年に9カ国の職業会計士団体によって設立されたプライベート・セクターの基準設定主体である。

証券監督者国際機構 (IOSCO) が,財務諸表の作成基準としてIASを認めたことにより,国際的な会計基準として急速に普及する契機となった。

IASCは,2001年に国際会計基準審議会 (IASB) として改組された。IASBは,従来の国際会計基準(IAS)に代って,国際財務報告基準 (IFRS) を公表している。(氏原茂樹)

固定長期適合率　　　【分　析】

固定長期適合率とは,長期資金の調達と運用のバランスを見るための比率である (固定長期適合率(%)＝固定資産÷(自己資本(純資産)＋固定負債)×100)。

設備投資などの固定資産は,本来ならば,返済期限のない自己資本(純資産)の範囲内で取得できれば望ましい。しかし多くの企業では,その取得を借入資本に頼っているのが現状である。この場合の借入は,その使途との関係を考慮した場合,長期借入金や長期の社債であることが必要である。固定長期適合率はこの関係を示した比率であり,100%以内であれば望ましい状態であるといえる。(首藤昭信)

☞安全性分析,固定比率

固定費 (fixed costs)　　【分　析】

経営活動(操業度)の増減にかかわらず,総額が変化せず一定の原価を固定費といい,定額法減価償却費,火災保険料,店舗賃借料,固定資産税などがある。固定費の増大となる例には,人件費と設備投資などがあげられる。そのため,新設備の立ち上げ,休止設備の固定費削減,販売拠点の統廃合,海外生産へのシフトなどの施策が重要とされる。固定費の削減,特に,グループの固定費削減が,業績を向上させ,連結会計へ多大な貢献をなす。

(奥村輝夫)

☞損益分岐点分析,変動費

固定比率 (fixed assets to net worth ratio)　　【分　析】

安全性分析の一つで,固定資産を自己資本(純資産)で除して求める。固定資産に投資された資本(資金)は,その回収に長期間要するので,返済不要の自己資本で賄われることが望まし

く，100％以下が望ましい。なお，自己資本を固定資産で除して求める方法があり，この場合には，100％以上が望ましいことになる。この補助比率として，固定資産を長期資本（固定負債＋自己資本）で除して求める100％以下が望ましいといわれる固定長期適合率がある。　　　　　　　　　　（岩崎功）
☞安全性分析，固定長期適合率

個別益金・損金額（individual taxable revenue and deductible expense）　　　　　　　　　　【連納税】

　連結法人税は，連結法人（連結親法人及び連結子法人）の連結所得に基づいて算定される。連結所得の金額は，連結事業年度の益金額から損金額を控除した金額である。連結事業年度の期間を各事業年度の所得に対する法人税が課される事業年度として，所得金額を計算するものと仮定した場合に益金となる金額が個別益金額であり，損金となる金額が個別損金額である。個別益金・損金額は，連結事業年度の益金又は損金に算入される。　（菊谷正人）
☞個別帰属益金・損金額

個別帰属益金・損金額（taxable revenue and deductible expense attributable to individual corporation）　　　　　　　　　　【連納税】

　連結法人は，連結所得に対して連帯納付義務を負うので，各連結法人の連結法人税の個別帰属額を計算する必要がある。個別帰属額は，各連結法人の個別所得金額に基づいて算定されるが，個別所得金額とは，個別帰属益金額が個別帰属損金額を超える金額をいう。個別帰属益金額は，連結事業年度の益金の額のうち各連結法人に帰属するものの合計額であり，個別帰属損金額は，損金の額のうち各連結法人に帰属するものの合計額である。　（菊谷正人）
☞個別帰属益金・損金額

個別帰属法人税額（corporation tax attributable to individual corporation）　　　　　　　　　　【連納税】

　連結所得の金額に対する連結法人税は，それぞれの連結納税適用法人（連結親法人及び連結子法人）に配分され，各連結法人に対する連結法人税の個別帰属額を計算する必要がある。この配分額を個別帰属法人税額という。個別帰属額は，各連結法人の個別所得金額（又は個別欠損金額）に連結所得に対する法人税率を乗じて計算した金額に，税額調整金額を加算又は減算して算出する。　　　　　　　　　　（菊谷正人）

コベツザイム

個別財務諸表 (individual financial statements) 【総論】

　個別財務諸表とは，金融商品取引法（証券取引法）又は会社法の規定に基づき提出される法人格単位の財務諸表である。

　我が国では，財務諸表という場合には，従来，個別財務諸表を指していたが，連結財務諸表の作成及び提出が制度化された時点（1977年4月1日以後開始の事業年度）より，連結財務諸表と区別することを目的として個別財務諸表という名称が付されている。

　連結子会社及び連結関連会社を有する企業において，個別財務諸表は，1998年4月以後開始の事業年度から有価証券報告書の「経理の状況」において連結財務諸表の後に掲載されている。

（徳賀芳弘）

☞連結財務諸表

個別財務諸表基準性の原則 (principle of compliance with separate financial statements) 【総論】

　この原則は，第2原則として「連結財務諸表は，企業集団に属する親会社及び子会社が一般に公正妥当と認められる企業会計の基準に準拠して作成した個別財務諸表を基礎として作成しなければならない。」と規定されている。

　個別財務諸表は「企業会計原則」に準拠して適正に作成され（準拠性），かかる個別財務諸表に準拠して作成される連結財務諸表が適正とされる（基準性）。これにより真実性の原則が担保される。

（髙木秀典）

☞真実性の原則，明瞭性の原則，継続性の原則

個別財務諸表の修正 (adjustments to individual financial statements for consolidation) 【総論】

　個別財務諸表基準性の原則により，連結財務諸表は企業集団を構成する個々の企業の個別財務諸表を基礎として作成すべきことが要求されているが，個別財務諸表が減価償却の過不足，資産又は負債の過大もしくは過小計上などにより当該企業の財政状態や経営成績を適正に表示していない場合には，重要でないと認められるものを除いて，連結財務諸表の作成に際して，これを適正に修正した上で連結決算を行わなければならないことをも要求している（連結財務諸表原則注解2）。

（徳賀芳弘）

☞個別財務諸表基準性の原則

個別（単体）財務諸表分析 (individual financial statements analysis) 【分析】

　連結財務諸表の対象会社である親会社や子会社などの個別（単体）財務諸表を用いて個別（単体）企業の業績評価などを行う方法である。この分析方法には，収益性分析，活動性分析，安

全性分析,生産性分析,成長性分析などがあり,その総合判断を行う。分析値には,実数を使用した実数分析や実数を加工した比率を使用した比率分析がある。なお,この分析値はグループ分析値とを比較するために「連単倍率」が用いられる。　　　　（岩崎功）
☞連結財務諸表分析,収益性分析,活動性分析,安全性分析,生産性分析,成長性分析,比率分析,連単倍率

個別所得金額(amount of individual taxable income)　　　　【連納税】
　連結法人税個別帰属額の計算において,当該連結事業年度の益金の額のうち各連結法人に帰せられる益金の額の合計額(個別帰属益金額)が,当該連結事業年度の損金の額のうち各連結法人に帰せられる損金の額の合計額(個別帰属損金額)を超える場合の当該超過額を個別所得金額という。反対に個別帰属損金額が個別帰属益金額を超える場合の当該超過額を個別欠損金額という。　　　　　　　　　　（柳裕治）
☞連結所得金額,個別帰属益金・損金額

個別税効果会計(separate tax effect accounting)　　　　【税効果】
　個別財務諸表は個別企業の業績を示すのみならず分配可能額や課税所得などの算定基礎となる情報であることから,個別財務諸表において税効果会計を適用するためには,会社法上,繰延税金資産及び繰延税金負債の貸借対照表能力が認められることが前提となる。
　1998年,法務省と大蔵省の共同による「商法と企業会計の調整に関する研究会報告書」の中で,税効果会計の採用に関する検討結果が示された。同年,これを受けて企業会計審議会は「税効果会計に係る会計基準」を公表し,「財務諸表」(財務諸表,連結財務諸表,中間財務諸表及び中間連結財務諸表の総称)における税効果会計に係る包括的な基準を示した。ここにおいて,「財務諸表」の作成上,税効果会計は全面的に適用することとなり,繰延税金資産及び繰延税金負債の資産性・負債性が明確にされた。また,商法(会社法)上も公正なる会計慣行を斟酌する立場から,個別財務諸表においても税効果会計を導入することとなった。
　　　　　　　　　　（杉山晶子）
☞税効果会計,繰延税金資産・負債

[さ]

在外会社 (oversea companies)
【換算】

在外会社とは,親会社など報告企業の所在地以外の国又は地域に所在し,営業活動を行う当該企業の子会社及び関連会社等をいう。在外子会社については連結財務諸表作成上,在外関連会社については持分法の適用上,外国通貨で表示されている在外子会社等の財務諸表項目の報告通貨(報告企業が国内企業であれば,円)による換算が必要になる。
(小林秀行)

債権債務の相殺消去 (elimination of intragroup balances)
【貸借】

連結会社間の債権債務は,連結グループ内での取引によるものであり,連結上は取引と認識しないため相殺消去される。連結会社が振出した手形を他の連結会社が銀行等で割引いた場合,連結グループ外部の者に裏書した場合は調整が必要である。また,貸倒引当金で連結会社間の債権に対するものも調整しなければならない。なお,未達取引のために連結会社間の債権債務が一致しない場合にも調整が必要である。
(石坂信一郎)

財務活動 (financing activities)
【キャッ】

財務活動とは,企業という有機的な組織体が他の組織体から営業活動に必要な資金を調達し,運用する行為のことである。調達資金は,その源泉からみると株主からの拠出金が資本金となる。これに対して,債権者からの拠出金が返済義務を負う負債となる。キャッシュ・フロー計算書の区分による財務活動は,借入,社債の発行・償還,株式の発行・償還などにかかわる取引から生じるキャッシュ・フローとして示される。
(吉岡正道)
☞キャッシュ・フロー計算書,営業活動,投資活動

財務レバレッジ効果 (financial leverage effect)
【分析】

資本調達における負債利用の収益性(自己資本利益率)への影響のこと。総資産利益率(ROA)が利子率よりも大きい場合,負債依存度の高い(すなわち自己資本比率が小さい)企業では自己資本利益率(ROE)はより大きくなり,逆に,ROAが利子率よりも小さい場合は,ROEはより小さくなる。

経営者は財務レバレッジを利用して株主への利回りを高めることができる反面,企業経営の安全性へのリスクも大きくなることに注意する必要がある。
(渋谷武夫)

☞自己資本利益率，総資産利益率

三角合併 (triangular merger)
【総論】

通常親会社の株式を合併対価として利用した合併のことである。より具体的には，例えば，海外親会社がその（日本法人）子会社を利用して日本企業を合併する場合に，海外親会社が増資をし，子会社が親会社の株式を取得し，子会社と日本企業の合併対価として，その親会社株式を日本企業の株主に交付するものである。2005年に成立した会社法で合併等の対価の柔軟化の結果認められた制度である。これによって合併資金を用意することなく企業合併（買収）が行える制度が整備された。　　　　　　　　　　（岩崎勇）
☞組織再編，M＆A

残余利益モデル (residual income model：RIM)
【分析】

企業評価のうち絶対価値アプローチに基づく直接評価の一つであり，期首株主資本に，（各期の純利益から資本コストを差し引いた差額である）残余利益を資本コストで還元した残余利益の累積現在価値を加えて，株式価値を計算するというモデルである。

期首株主資本＋期待将来残余利益の現在価値＝株式価値　　（岩崎勇）
☞資本コスト

〔し〕

時価（公正な評価額）(fair value)
【貸借】

時価すなわち公正な評価額とは，独立の取引当事者が経済的に合理的な判断に基づいて受取るないしは支払うものと考える価額をいう。したがって，取引により生じた資産ないしは負債に市場価格が存在している場合は，その市場価格を「公正な評価額」として採用する。市場価格が確定できない場合は，将来キャッシュ・フローの割引計算などにより合理的に算定された価額が，公正な評価額となる。（瓶子長幸）
☞割引キャッシュ・フロー（DCF）法

時価アプローチ (fair value approach)
【総論】

連結会計と合併会計を含めて考える企業結合会計において，一方が他方を統合するとき，「合体」ではなく「取得」とみなし，被取得会社の資産・負債を時価で受け入れることが主流となっている。これは「パーチェス法」と呼ばれ，買入のれんを計上することとなり，こののれんは，規則的な償却と減損処理をすることとなる。なお「合体」と考える場合は，資産・負債は帳簿価額で引き継がれ，これは「持

ジカヒョウカ

分プーリング法」と呼ばれる。
(黒川保美)
☞パーチェス法, 持分プーリング法, 買入のれん

時価評価 (current valuation) 【連納税】

連結納税制度では, 連結グループの加入前に, 連結納税の対象となる会社の含み損益の資産を時価評価して各会社の個別の所得計算のなかで含み損益を実現させて連結グループに加入することを定めている。加入後に含み損益を実現させグループの連結所得に含めると, 連結所得が極端に少なくなる場合があるからである。対象となる資産は, 固定資産, 土地等, 金銭債権, 有価証券 (売買目的有価証券を除く) 及び繰延資産である。 (野田秀三)
☞連結納税【連納税】

事業種類別セグメント情報 (business segment information) 【セグメ】

連結会社が二つ以上の異なる種類の事業を営んでいる場合には, 事業の種類ごとの区分に従い, 当該区分に属する売上高 (役務収益を含む), 営業利益 (又は営業損失), 資産の額, 減価償却費, 資本的支出の金額を注記しなければならない (連結財務諸表規則)。

ただし, 当該区分に属する売上高等の金額がすべて少額であるものは, 他の区分と一括して, 適当な名称を付して記載することができる (同上)。
(田中弘)
☞セグメント情報, 事業単位別セグメント情報, 市場別セグメント情報, 所在地別セグメント情報

事業単位別セグメント情報 (segment information by business divisions) 【セグメ】

セグメント情報は, 大きく分けて事業活動別情報と事業単位別情報に分かれる (セグメント情報の開示基準)。事業単位別情報の単位としては, 事業部別, 本・支店別, 子会社別などがある。

ただし, 事業単位別セグメント情報は, 「セグメント情報の開示基準」でも「連結財務諸表規則」でも, 開示が要求されていない任意開示情報である。
(田中弘)
☞セグメント情報, 事業種類別セグメント情報, 市場別セグメント情報, 所在地別セグメント情報

資金概念 (fund concepts)【キャッ】

資金の範囲すなわち資金概念は, 資金計算書を作成するために定めなければならない。資金概念は, アメリカにおいてはAPB意見書第3号では全ての財務資源と定義され, 運転資本より広い概念というだけであいまいであり, 同意見書第19号では, 財政状態の全ての変動を包括する広い概念を定め, F

ＡＳ第95号では現金及び現金同等物と定義づけている。また，わが国における資金概念は，資金繰表では現金預金を，資金収支表では現金，預金並びに市場性のある一時所有の有価証券を，キャッシュ・フロー計算書では現金及び現金同等物を資金と定義づけている。
(齋藤幹朗)

☞現金及び現金同等物，資金収支表，キャッシュ・フロー計算書，連結キャッシュ・フロー計算書

資金収支表 (statement of source and application of funds) 【キャッ】

資金収支表は，1988年10月から2000年までの間，資金情報を開示するための補助的な計算表であった。当該資金収支表は，企業活動の多角化，国際化及びデスクロージャー制度をめぐる環境の著しい変化にともない，資金繰表の改善と充実を図るために開示された。

当該資金収支表は，資金収支を「事業活動に伴う収支」と「資金調達活動に伴う収支」に明確に区分した。「事業活動に伴う収支」は，収入欄に営業収入，営業外収入及び有形固定資産売却収入等に，支出欄に営業支出，営業外支出及び有形固定資産購入支出並びに決算支出等に区分し表示した。また，「資金調達活動に伴う収支」は，収入欄に短期借入金，割引手形，長期借入金，社債発行，増資及びその他の収入等に，支出欄には短期借入金返済，長期借入金返済，社債償還及びその他支出等に区分し表示した。
(齋藤幹朗)

☞キャッシュ・フロー計算書，連結キャッシュ・フロー計算書

自己株式の表示 (presentation of treasury stock) 【貸借】

自己株式とは，自社が取得し保有している，自社の発行済株式のことを指す。自己株式の表示方法には，大別すると，資産とする方法と資本の控除とする方法とがある。過去には自己株式は資産として表示されてきたが，現在では資本の控除として表示される。会社計算規則では，個別財務諸表でも連結財務諸表でも，自己株式は株主資本の控除項目として純資産の部に表示される（第108条第2項第五号）。
(池田幸典)

☞純資産

自己株式申込証拠金 【貸借】

会社がいったん発行した自社の発行済株式をその後，会社自体が取得し保有する株式を自己株式という。ストック・オプション制度の導入を目的として平成13年改正商法により，原則として禁止していた自己株式の取得・保有を解禁した。これにより，特定の役員や従業員などが自社の株式をあらかじめ定められた価格で取得することができるようになった。自己株式申込証拠金は，自己株式を処分した場合におい

ジコシホンリ

て，その申込期日から払込期日までの間に払込まれた申込証拠金のことである。　　　　　　　　　（松原成美）
☞純資産

自己資本利益率（return on equity：ROE）　【分析】

　株主持分（equity）である自己資本に対してどれだけの利益が上がったのか，という企業の総合力としての資本収益性を示す代表的な収益性指標の一つであり，欧米を中心として世界的に使用されている。利益には，当期純利益などが用いられる。また，この比率は，総資本利益率と自己資本比率に分解できる。　　　　　　　　（岩崎勇）
☞収益性分析，総資産利益率，自己資本比率

自己創設のれん（internally generated goodwill）　【総論】

　自己創設のれんとは，企業の内部努力によって生じる識別不能な無形価値をいう。その測定は経営者の主観的な見積もりに頼らざるを得ないので，企業会計では，一般に自己創設のれんを資産として計上することを禁止している。最近では，企業価値ないし株主価値と決算貸借対照表における純資産簿価との乖離が生じる主な原因の一つとして，自己創設のれんなど無形資産の非計上（オフバランス化）が指摘されることも多い。　　　　　（梅原秀継）

☞営業権，のれん，買入のれん，全部のれん

資産回転率（turnover ratio of assets）　【分析】

　売上高（一部に売上原価）を各種資産で除して回転数として資産の利用度（効率）を見る活動性の分析であり，高いほど収益性が高まり望ましい。分母の使用資産の種類により，その名称の回転率となる。例えば，総資産や固定資産のときには，総資産回転率や固定資産回転率となる。逆数は資産回転期間（資産の平均的な利用・回収・在庫期間）を意味する。例えば，売上債権ではその回収期間を，棚卸資産では在庫又は保管期間を意味する。

（岩崎功）

☞活動性分析，資本回転率

資産テスト（test of segmentation by assets）　【セグメ】

　開示対象となるセグメントを決定する方法の一つで，対象となるセグメントである資産額に着目した重要性の基準をさす。対象となるセグメントの資産額が，全セグメントの10％以上である場合には，重要なセグメントとして開示対象とされる。そしてこのように開示対象セグメントを決定する際に，重要性の基準として資産額に着目することを資産テストという。（松井泰則）
☞売上高テスト

資産・負債アプローチ (asset and liability approach) 【総論】

企業会計の中心を損益計算書ではなく, 貸借対照表にあるとの視点から, 貸借対照表上の前期末と当期末の間の変動は, 損益計算書とキャッシュ・フロー計算書によって明らかにされる。貸借対照表あるいは資産・負債を中心にした企業会計を構築しようとするのが資産・負債アプローチであり, これまでの損益計算を中心とした伝統的な収益・費用アプローチとは異なる。損益計算に直接無関係な連結キャッシュ・フロー計算書が基本財務諸表の一つであることからすると, 今日の我が国の連結会計制度は資産・負債アプローチを採用していると見ることができる。 (黒川保美)

☞収益・費用アプローチ

資産・負債項目の換算 (translation of asset and liability items)【換算】

資産・負債項目の換算とは, 連結財務諸表の作成又は持分法の適用にあたり, 在外子会社又は在外関連会社の外国通貨で表示されている貸借対照表上の資産及び負債項目を報告通貨によって換算することをいう。外貨建取引等会計処理基準によれば, 在外子会社等の外国通貨で表示されている貸借対照表上の資産及び負債項目の換算は, 決算時の為替相場によることとしている。 (小林秀行)

☞持分法, 純資産項目の換算

資産負債法 (asset and liability method) 【税効果】

税効果会計を適用する際の法人税等の会計処理の一つ。この方法のもとでは, 会計上の資産及び負債の額と課税所得計算上の資産及び負債の額との一時差異に係る法人税等の額を, 税金の前払としての資産又は税金の未払としての負債とみなす。繰延税金資産及び繰延税金負債の金額は, 将来の法人税等の減額効果及び増額効果を示すことから, 解消が見込まれる年度の税率で計算され, 税率の変更により, 再(修正)計算される。 (杉山晶子)

☞一時差異, 繰延税金資産・負債

市場別セグメント情報 (segment information by markets or customers) 【セグメ】

セグメント情報としての事業活動別情報は, 大きく, 事業の種類別, 親会社・子会社の所在地別, さらに市場別情報に分けられる。

市場別情報としては, 販売地域別(国内向け, 海外向け別等)と顧客別の情報がある。ここで「海外向け」には, 親会社と国内子会社による輸出を含む(セグメント情報の開示基準)。

ただし, 「セグメント情報の開示基準」でも「連結財務諸表規則」でも開示が要求されず, 任意開示情報である。

ジツコウゼイ

(田中弘)
☞セグメント情報, 事業種類別セグメント情報, 事業単位別セグメント情報, 所在地別セグメント情報

実効税率（effective tax rate）
【税効果】

　法人は, 課税所得に対して法人税, 住民税及び事業税が課せられる。このうち, 事業税については次の事業年度に損金の額に算入されるため, その分だけ課税所得が小さくなる。これにより, 翌事業年度の法人税及び住民税の法人税に対応する部分が減額されることとなる。したがって, 実効税率は, 以下の算式によって求められる。

　実効税率＝
　｛法人税率＋（法人税率×住民税率）＋事業税率｝÷（1＋事業税率）

(杉山晶子)
☞適用税率

実質的所有　　　　　　　【総論】

　持株基準などでは, ある会社が「他の会社の議決権の過半数を実質的に所有している場合」（連結財務諸表原則第三－2）, 当該「他の会社」を子会社とみなす。そのため, 子会社の判定にあたっては持株比率が重要となるが, 議決権ある株式又は出資の所有の名義が当該会社の役員となっている場合などにはその判断が問題となる。わが国では, 会社が自己の計算で所有している場合, 当該会社が実質的に所有しているものとみなして持株比率に含めるとしている。

(赤城諭士)
☞持株基準

実数分析　　　　　　　　【分析】

　比率分析に対比される経営分析の一方法であり, 損益計算書や貸借対照表などの数値そのものを利用して経営成績や財政状態などを分析する方法である。

　比率の大小やそれらの増減の分析だけでは, 企業規模やその実態を把握できないため, 実数での分析も重要となる。それは, 主に一企業の実際の金額数値の期間的な増減を比較したり, 企業規模に対する特定の数値の大小を検討することによりなされる。(泉宏之)
☞比率分析

実績主義　　　　　　　　【中間】

　実績主義とは, 中間会計期間を事業年度と並ぶ一会計期間とみたうえで, 中間連結財務諸表を, 原則として年度の連結財務諸表と同じ会計処理基準を適用して作成することにより, 当該中間会計期間の財政状態及び経営成績に関する情報を提供する考え方をいう。現行制度は, この実績主義を採用している。

(渡邊貴士)
☞中間財務諸表, 中間会計期間, 予測主義

支配獲得日 【総論】

ある会社が他の会社を実質的に支配し，その子会社とする日をいう。この場合，当該親会社と子会社の間で資本連結の手続きが実施される。なお，親会社の投資と子会社の資本を相殺消去する資本連結手続きでは，当該子会社の株式を段階的に取得した場合，部分時価評価法によれば取得日ごとに評価した資本額を用いて行うこととなる。これに対して，全面時価評価法では，支配獲得日における資本を用いて一括して相殺消去が行われる。（赤城諭士）
☞部分時価評価法，全面時価評価法

支配の一定事実 【総論】

支配力基準では，ある会社の，他の会社に対する持株比率が50％以下であっても，その比率が高く，かつ，支配従属関係の存在を示唆するような一定の事実（＝支配の一定事実）が認められる場合には，反証のない限り，当該他の会社を子会社とみなす。なお，こうした「一定の事実」には次のものがある（連結財務諸表原則 注解5）：

(1) 議決権を行使しない株主が存在することにより，株主総会において議決権の過半数を継続的に占めることができると認められる場合
(2) 役員，関連会社等の協力的な株主の存在により，株主総会において議決権の過半数を継続的に占めることができると認められる場合
(3) 役員若しくは従業員である者又はこれらであった者が，取締役会の構成員の過半数を継続して占めている場合
(4) 重要な財務及び営業の方針決定を支配する契約等が存在する場合

（赤城諭士）
☞支配力基準，持株基準

支配力基準（control approach）【総論】

実質的に支配しているか否かで連結に含める子会社の範囲を決める基準を支配力基準という。当該基準が適用される子会社の範囲には，会社，組合その他これらに準ずる事業体が含まれる。具体的には，議決権（・業務執行権）の過半数を有していない場合でも，相対的に高い比率の議決権等を有し，取引・役員派遣・融資などの関係から，実質的に当該会社の意思決定機関を支配している一定の事実が認められる経済的実態で最終的に判断する。

（近田典行）
☞影響力基準，持株基準

支払手形（notes payable）【キャッ】

連結キャッシュ・フロー計算書（間接法表示）での支払手形は，Ⅰ「営業活動によるキャッシュ・フロー」の部において，仕入債務の減少項目として表示された場合，キャッシュ・フローの減少（税金等調整前当期純利益を減

シハライリソ

額させる項目として）を意味する。

簡便法での連結キャッシュ・フロー計算書の作成では，単に合算された連結会社間のキャッシュ・フローから，連結会社相互間のキャッシュ・フローの相殺消去を行う必要がある。これは取引が親子会社間で行われた場合，一企業グループ内部の資金移動と考えられ，親子会社間の売上債権は相殺消去のために，連結仕訳が行われる。

(川村文子)

☞間接法，営業活動，税金等調整前当期純利益，受取手形

支払利息 (interest expense)
【損　益】

支払利息とは，借入金などの企業外部からの資金調達に伴って調達先に支払う費用であり，営業外費用の一つである。連結財務諸表規則によれば，社債利息も支払利息に含めて表示される。また，個別損益計算書では関係会社からの支払利息が営業外費用総額の10％を超える場合には注記しなければならないが，連結損益計算書では連結会社間で発生した利息の授受を相殺消去しなければならない。　　　(大塚浩記)

☞営業外費用

四半期報告書 (quarterly report)
【中　間】

これは，事業年度の4分の1の期間である四半期ごとに取りまとめられる報告書のことである。これは，情報開示の頻度を高めることによって，企業の経営成績や財政状態などを適時に適切に開示することを目的としたものである。1999年にマザーズにおいて制度化され，2000年にナスダック・ジャパンでも義務付けられた。さらに，金融商品取引法では，上場会社に対して2008年4月から，この制度を適用している。　　　　　　　　(岩崎勇)

☞半期報告書

資本回転率 (turnover ratio of capital)
【分　析】

売上高を投下資本で除して回転数を求め，投下資本の利用度（効率）をみる活動性の分析で，回数が高いほど望ましい。分母に使用する投下資本の相違により，総資本回転率，自己資本（又は株主資本）回転率，他人資本回転率，資本金回転率などがある。この比率の逆数は，投下資本の利用期間（回転期間）であり，期間が短いほど望ましい。資本回転率は，資本利益率の良否分析としても使用され，広義に資産回転率を含めることもある。

(岩崎功)

☞活動性分析，資産回転率，資本利益率

資本コスト (cost of capital)
【分　析】

企業が使用する資本について，直接

又は間接に負担する費用のことである。たとえば、借入金の利息や利益の配当などがあげられる。資本コストは、これらの費用と使用する資本の割合として表示される。

また、それは、使用される資本の調達源泉に応じて、自己資本コストと他人資本コストとに分けられる。新規投資を行う場合には、資本コストは当該投資があげなくてはならない最低限の投資収益率を意味することになる。
（泉宏之）

☞残余利益モデル（RIM）

資本剰余金（capital surplus）
【貸借】

基本的には、株主の払込金額のうち、資本金以外のものをいい、これには資本準備金とその他資本剰余金とがある。資本準備金とは、会社法規定による新株式発行時の払込金額のうち2分の1までの金額を資本金に組み入れなかった金額（株式払込剰余金）や会社の買収や合併等を通じて資本準備金として引き継いだ金額をいう。また、その他資本剰余金は、資本剰余金のうち資本準備金以外のものをいう。資本剰余金は、連結貸借対照表では、純資産の部において、株主資本の部の構成要素の一つとして記載する。（岩崎功）

☞純資産、株主資本、利益剰余金

資本利益率（ratio of profit to capital）
【分析】

各種利益を投下資本で除して投下資本の収益性をパーセントで求めるものである。この比率は高いほど望ましい。投下資本には総資本、自己資本又は株主資本、払込資本、経営資本などがあり、分子の利益にも各種利益を用いる。分母に使用する資本の違いにより総資本利益率（ROA）、自己資本又は株主資本利益率（ROE）、払込資本利益率、経営資本利益率などという。この比率は売上高利益率と資本回転率とに分解でき、その比率の良否をみる必要もある。（岩崎功）

☞収益性分析、自己資本利益率

資本連結（elimination of investment in subsidiary）
【貸借】

親会社の子会社への投資は、連結企業集団内部の取引である。ゆえに、子会社の資本勘定と、親会社の子会社への投資勘定とは、連結貸借対照表作成時に相殺消去する。この相殺消去の手続きを資本連結（投資と資本の相殺消去）と呼ぶ。資本連結の際、子会社の資本と、親会社の子会社への投資との間に消去差額が生じた場合、当該差額はのれん（連結調整勘定）として計上し、子会社の資本のうち親会社に帰属しない部分は少数株主持分として計上する。（池田幸典）

☞のれん（連結調整勘定）、少数株主

シユウエキヒ

持分

収益・費用項目の換算（translation of revenue and expense items）
【換　算】

　収益・費用項目の換算とは，連結財務諸表の作成または持分法の適用にあたり，在外子会社又は在外関連会社の外国通貨で表示されている収益・費用項目を報告通貨によって換算することをいう。外貨建取引等会計処理基準によれば，収益・費用の換算は，原則として期中平均相場によるが，決算時の為替相場によることも認められる。ただし，親会社との取引による収益・費用項目の換算は，親会社が換算に用いる為替相場による。　　　（小林秀行）
☞持分法

収益性分析（profitability analysis）
【分　析】

　企業の利益獲得能力を収益性といい，収益性を測定する分析手法を収益性分析という。安全性分析と共に財務諸表分析（経営分析）の主要な分析手法である。

　収益性分析の比率としては投下資本とそれが生み出した利益との比率である資本利益率や，一定の売上高から得られる利益の比率である売上高利益率などがある。

　この他に，利益増減分析のような実数分析や損益分岐分析（損益分岐点分析ともいう）も収益性分析である。
　　　　　　　　　　　　（渋谷武夫）
☞安全性分析，活動性分析，生産性分析，成長性分析，損益分岐点分析，実数分析

収益・費用アプローチ（revenue and expense approach）【総　論】

　これは，貸借対照表ではなく損益計算書を中心にする伝統的アプローチである。発生主義会計は，客観的証拠に基づくということで収益の認識のため実現主義を採用し，この収益と費用を対応させて利益計算を行う。貸借対照表では，損益計算書の未解決項目が表示されるに過ぎないのである。このアプローチを採用すると連結キャッシュ・フロー計算書は，基本財務諸表の一つとして扱われないこととなる。
　　　　　　　　　　　　（黒川保美）
☞資産・負債アプローチ

修正テンポラル法（modified temporal method）【換　算】

　修正テンポラル法とは，テンポラル法の考え方を一部修正したものであり，在外子会社等の外貨項目の換算に利用されていたが，平成7年の「外貨取引等会計処理基準」の改訂で変更を余儀なくされ，決算日レート法の考え方を採用することとなった。修正テンポラル法のもつ意義は，いわゆる「換算のパラドックス」を回避することにある。

この方法では、当期純利益等に決算日レートを利用し、換算差額は為替換算調整勘定に計上する。　　（柴田寛幸）
☞テンポラル法, 決算日レート法

住民税 (inhabitant taxes)【税効果】

住民税とは、地方公共団体がその住民に課す地方税の一つで、道府県民税（都民税）と市町村民税（特別区民税）の総称である。住民税には、個人住民税と法人住民税とがある。税効果会計の対象となる税金は、利益に関連する金額を課税標準とする税金（法人税等）である。法人税等の範囲には、法人税のほか、住民税や事業税も含まれるが、利益以外のものを課税標準とする事業税や住民税の均等割などは、税効果会計の計算対象外の税金である。

（橋本尚）

☞法人税等

重要性の原則 (principle of materiality)【総論】

この原則は、真実性の原則及び明瞭性の原則を補完する原則である。すなわち、これら二つの原則の注解として扱われている。

連結会計の目的が企業集団の財政状態及び経営成績などに関する利害関係者に対して有用な財務情報の提供にあることから、有用性を阻害しない範囲において厳密な連結処理を適用しないで、簡便な方法によっても、連結会計の相対的真実性や連結財務諸表の明瞭性は担保されるとするものである。

（髙木秀典）

☞真実性の原則, 明瞭性の原則

重要な影響を与える一定の事実【貸借】

「他社の財務及び営業の方針に重要な影響を与えることができる一定の事実」とは、他の会社の財務及び営業の方針決定に重要な影響を与える契約（資金、技術、取引ないし人事などに関する契約）が存在する場合などをいう。連結財務諸表原則では、当該事実が認められる場合、たとえ他社に対する議決権の所有割合が20％未満であっても、一定の議決権を有していれば関連会社に該当し、原則として持分法を適用しなければならない、としている。

（池田幸典）

☞持分法

純額主義 (principle of net amount)【キャッ】

明瞭表示の観点から総額表示が原則であるが、期間が短く、回転が速い項目に係わるキャッシュ・フロー（コマーシャル・ペーパー（CP）などの発行・償還・借り換えが短期間に連続して行われる場合）については、純額表示が容認される（総額表示することにより利用者の判断を誤らせる可能性があるため）。また、重要性の低い取

ジュンシサン

引についても純額表示が認められる。その他,第三者のために行う取引や第三者の活動を反映している取引,相殺取引,割引手形などのキャッシュ・フローについても純額表示が認められる。
(鈴木基史)

☞総額主義

純資産 (net asset) 【貸 借】
　貸借対照表上の資産から負債を差し引いた差額のことをいう。資産負債中心観の観点から資産負債を最初に定義し,その差額を純資産としたものである。ただし,収益費用中心観の観点から株主資本が規定され,両社の差額がその他の包括利益である評価・換算差額等,将来資本を増加させる可能性のある新株予約権及び連結貸借対照表における少数株主持分である。この構成項目としては,株主資本,評価・換算差額等,新株予約権及び少数株主持分がある。
(岩崎勇)
☞株主資本,評価・換算差額等,新株予約権,少数株主持分

純資産項目の換算 (translation of net asset) 【換 算】
　純資産項目の換算とは,連結財務諸表の作成又は持分法の適用にあたり,在外子会社又は在外関連会社の外国通貨で表示されている純資産項目を報告通貨により換算することをいう。純資産項目の換算は,親会社による株式取得時における株主資本項目,評価・換算差額等及び子会社の資産・負債の評価差額については株式取得時(部分時価評価法の場合には株式取得日ごと,全面時価評価法の場合には支配獲得時),株式取得後に生じた株主資本項目については当該項目の発生時,評価・換算差額等については決算時のそれぞれの為替相場による。また,新株予約権については発生時の為替相場により,少数株主持分については決算時の為替相場による。
(小林秀行)
☞部分時価評価法,全面時価評価法,少数株主持分,新株予約権

純損益計算 (net income and loss section) 【損 益】
　純損益計算とは,経常損益計算の算出結果に特別利益を加算し,特別損失を減算して税金等調整前当期純利益(又は純損失)を示し,これに法人税額等(住民税及び事業税額を含む),法人税等調整額及び少数株主損益を加減して,当期純利益(又は純損失)を算出する連結損益計算書上の計算領域をさす。当期純利益は,一会計期間における連結企業集団の経営成績を示す最終数値であり,連結株主資本等変動計算書における当期中の変動額として利益剰余金の部に移記される。
(徳山英邦)
☞経常損益計算,特別利益,特別損失,少数株主損益,連結株主資本等変動

計算書

証券取引法(securities and exchange act) 【総 論】

　1948年法律第25号として，証券の発行及び売買その他の取引を公正にし，その流通を円滑にして，国民経済の適切な運営と投資者保護に資することを目的として制定された法律。アメリカの1933年証券法及び1934年証券取引所法を継受したものであるが，日本には証券取引委員会はない。証券会社，証券取引所，証券業協会などについての業法的側面と会社法の特則としての面などの私法的側面を有する。

(弥永真生)

☞商法，会社法，企業会計法

少数株主(minority shareholders) 【貸 借】

　100％所有ではない連結子会社の議決権は，親会社とそれ以外の株主によって所有される。少数株主とは，100％所有ではない子会社の議決権を有する株主のうち，親会社以外の者を指す。少数株主が存在するとき，資本連結によって親会社の投資勘定と相殺消去されるのは，子会社の資本勘定のうち親会社の持分に対応する金額だけである。そのため，少数株主が存在する子会社について資本連結を行うと，少数株主持分が発生する。(池田幸典)

☞少数株主損益，少数株主持分

少数株主損益(minority interest income or loss of consolidated subsidiaries) 【損 益】

　少数株主損益とは，子会社の当期純損益のうち少数株主に帰属する部分をいう。子会社の当期純損益のうち少数株主に帰属する部分は，少数株主持分の増減として認識されるが，その相手勘定が少数株主損益である。少数株主損益は，連結損益計算書において，純利益計算区分の中で，税金等調整前当期純損益の次に，法人税額等とともに少数株主利益又は少数株主損失の科目で記載される。

(岡崎英一)

☞少数株主，少数株主持分，税金等調整前当期純損益，少数株主損益

少数株主持分(minority interest) 【貸 借】

　少数株主持分とは，貸借対照表に計上される子会社の資本のうち，少数株主に帰属する部分である。少数株主持分の会計処理には，負債にする方法，資本(純資産)にする方法，負債と資本の中間とする方法がある。連結基礎概念や負債・資本の定義が違えば，少数株主持分のあるべき会計処理も相違する。日本の従来の会計基準では，負債と資本の中間としていたが，企業会計基準第5号では，純資産の部の株主資本以外の項目の一つとしている。

(池田幸典)

☞少数株主，少数株主損益，純資産

シヨウホウ

商法（commercial law）　【総　論】

　形式的意義における商法とは商法典（明治32年法律第48号）をいい，商法典は総則，商行為，海商の三つの編から成る。他方，民法とは別個の統一的体系的に把握されるべき特定の法領域として実質的意義の商法が観念されており，通説は，企業に関する経済主体の私的利益の調整を目的とする法規整の総体であると考え，商法典のほか，会社法（平成17年法律第86号），各種の商事条約，不正競争防止法や業法を含むと解されている。　　（弥永真生）
☞企業会計法，会社法，証券取引法，

剰余金の配当　【総　論】

　旧商法では，株主への配当は，基本的には株主総会での利益剰余金を財源とする利益処分に基づいていた。新会社法では，株主に対する配当は，その他利益剰余金のみならずその他資本剰余金（旧商法でも，その他資本剰余金からの配当も一部認められていた）の剰余金の全体を財源とする株主への払い戻しととらえ，いつでも何回でも配当が可能となった。これを剰余金の配当という。具体的には，一般には，従前のような利益の配当や中間配当のほかに，有償での減資などの資本金及び準備金の減少に伴う払い戻しをいうが，自己株式の有償取得も含めることもある。　　（岩崎功）

将来加算一時差異（taxable temporary differences）　【税効果】

　貸借対照表及び連結貸借対照表に計上されている資産及び負債の金額と，課税所得の計算上の資産及び負債の金額との差額を，一時差異をいい，その解消する期間の課税所得を増額する効果を有する一時差異を将来加算一時差異という。例えば，連結会計上消去された未実現損失が該当する。将来加算一時差異に係る税効果（将来の税金支払を増加させる影響）は，貸借対照表及び連結貸借対照表上の負債である繰延税金負債として処理される。

（齋藤真哉）
☞一時差異，将来減算一時差異，繰延税金資産・負債

将来減算一時差異（deductible temporary differences）　【税効果】

　貸借対照表及び連結貸借対照表に計上されている資産及び負債の金額と，課税所得の計算上の資産及び負債の金額との差額を，一時差異をいい，その解消する期間の課税所得を減額する効果を有する一時差異を将来減算一時差異という。例えば，連結会計上消去された未実現利益が該当する。将来減算一時差異に係る税効果（将来の税金支払を減少させる影響）は，貸借対照表及び連結貸借対照表上の資産である繰延税金資産として処理される。

（齋藤真哉）

☞一時差異, 将来加算一時差異, 繰延税金資産・負債

所在地別セグメント情報(geographical segment information)【セグメ】

連結会社が海外にも存在する場合には, 連結会社の所在する国又は地域ごとの区分に従い, 当該区分に属する売上高, 営業損益, 資産の金額（これを所在地別セグメント情報という）を注記しなければならない（連結財務諸表規則）。

ただし, 当該区分に属する売上高, 資産の額がいずれも少額であって, 他の区分と一括して表示することが適当な場合には, 適当な名称を付して一括記載することができる（同上）。

（田中弘）

☞セグメント情報, 事業種類別セグメント情報, 事業単位別セグメント情報, 市場別セグメント情報, 所在地別セグメント情報

新株申込証拠金　　【貸　借】

会社は増資等によって新株を発行して資金調達を行う。この場合, 会社は新株の申込みにあたっては払込みを確保するために, 申込証拠金を徴収する。わが国の実務では, 新株発行の申込開始日から払込期日まで約3週間が通常である。したがって, 払込期日に株主となるが, 申込みが取り消されない限りこの新株申込証拠金は払込金に充当される。会社が受領した新株申込証拠金は払込期日までは仮受金であるが, 実質は払込資本であるので, 純資産の部の株主資本の部に表示される。

（松原成美）

☞純資産

新株予約権　　【貸　借】

ある一定の権利行使の期間内であれば, あらかじめ定められた価格でもって株式を取得することができる権利をいう。最近では新興株式市場で, 新株予約権を使ってファンドなど特定の投資家から資金調達する例が増加している。すなわち, 転換価格修正条項付転換社債（MSCB）に代わる資金調達手段として利用されている。

第三者割り当てで新株予約権を発行した場合には時価を大幅に下回る価格でもって大量の株式を取得する権利を保有することができる。　（松原成美）

真実性の原則(principle of truthfulness)　　【総　論】

真実性の原則によれば, 「連結財務諸表は, 企業集団の財政状態及び経営成績に関して真実な報告を提供するものでなければならない」（一般原則一）と述べている。

この原則は, 個別会計の真実性の原則（一般原則）と基本的に同様の趣旨のものであり, 連結会計上の最高規範である。この原則でいう真実性は, 正

スイチヨクガ

しいものは一つしかないという絶対的な真実性ではなく，複数のものが存在しうるという相対的真実性を意味している。

(氏原茂樹)

☞継続性の原則，明瞭性の原則，個別財務諸表基準性の原則

〔 す 〕

垂直型企業集団（vertical industrial group）　【総　論】

　企業集団を構成する親会社，子会社，孫会社等を通じ，明確な業務の分業状態をいう。つまり，例えば親会社がメーカーで製造のみ，販売は子会社に任せ，アフターサービスは孫会社に任せるというような業務の垂直型をいう。また，資本についても，親会社が子会社の資本を出し，子会社が孫会社の資本を出すということで垂直型となっている。わが国の企業集団には多くの中核会社が存在するために，業務や資本を相互に分担する水平型企業集団が多い。
(岩崎功)

〔せ〕

税額控除 (tax credit) 【連納税】

税額控除とは，算出された税額から，一定の税額を直接控除することをいう。

連結納税においては，①所得税額控除，②外国税額控除，③仮装経理に基づく過大申告の更正による税額控除などが認められている。

源泉所得税額は，親法人の段階で連結法人税額から控除される。控除金額は，源泉所得税を課された各連結法人の帰属額に応じて各法人に配分される。

(依田俊伸)

税金等調整前当期純利益 (net income before income taxes and minority interest in income or loss of consolidated subsidiaries) 【損益】

経常損益に，特別利益及び特別損失を加減したものが税金等調整前当期純利益である。純損益計算区分においては，この税金等調整前当期純利益に，さらに法人税額等（住民税額及び利益に関連する金額を課税標準とする事業税額を含む），法人税等調整額及び少数株主損益を加減して，当期純利益を表示する。

(岡崎英一)

☞純損益計算，特別利益，特別損失，法人税等

税効果会計 (tax effect accounting) 【税効果】

税効果会計は，企業会計上の資産又は負債の額と課税所得計算上の資産又は負債の額に相違がある場合に，当該差額に係る法人税等の額を適切に期間配分する手続きである。また，これにより，法人税等を控除する前の当期純利益と法人税等を合理的に対応させることを目的としている。税効果会計を適用すると，繰延税金資産及び繰延税金負債が貸借対照表に計上されるとともに，法人税等調整額が損益計算書に計上される。

(杉山晶子)

☞繰延税金資産・負債

生産性分析 (productivity analysis) 【分析】

企業の生産性分析とは，生産のために必要な資源の投入量とそれによる産出量の相対的な関係を分析するものである。生産性は，一般的に，投入量に対する産出量の割合（生産性＝産出量÷投入量）により表される。分子の産出量には，付加価値や売上高などが利用される。分母の投入量には，従業員数や労働量及び労働時間などの人的要素を尺度とする場合と，機械の台数といった使用資本を利用する場合がある。前者は労働生産性と呼ばれ，後者は資本生産性と呼ばれる。一般に生産性という場合には，労働生産性を意味する場合が多い。これらの数値の増加は，

少ない投入量で多くの産出量が得られたことを意味し,生産性の向上を意味する。　　　　　　　　　（首藤昭信）
☞連結財務諸表の分析,収益性の分析,活動性の分析,成長性の分析

成長性分析（growth analysis）
【分　析】

　企業の将来を予測するためには,その成長性を把握する必要がある。過去のデータをもとに企業業績の推移を把握することによって,将来予測を行ったり,同業他社比較などを行ったりするのが成長性分析である。成長性分析に利用される指標としては,売上高,総資本,従業員,利益,従業員及び研究開発費などがある。これらの比率の伸び率や増加率を計算し,前期比や趨勢比を分析することによって企業の成長性を判断する。　　（首藤昭信）
☞連結財務諸表の分析,収益性の分析,活動性の分析,成長性の分析,趨勢分析

税法（tax law）　　　　【総　論】

　租税に関する法律。租税とは,特定の役務に対する反対給付としての性質を持たない国家又は地方公共団体が国民・住民に賦課するものをいい,日本では,国税通則法,国税徴収法,国税犯則取締法が租税に関する共通の事項又は一般的事項を定め,所得税法,法人税法,相続税法,消費税法,酒税法などが個々の租税について規定する。また,地方税については地方税法が包括的に規定している。　　（弥永真生）

税務調整項目（adjustments to taxable income）　　【税効果】

　税務調整項目とは,会計上の損益を出発点として,税務上の所得を計算する際に,加算又は減算による調整を必要とする項目をいう。税務調整項目には,決算調整項目と申告調整項目（任意・必須）とがある。資産負債法による税効果会計の観点からは,税務調整項目は,税効果会計の対象となる一時差異に係るもの（減価償却費の損金算入限度超過額など）と,対象とならない永久差異に係るもの（交際費の損金不算入額など）に大別される。（橋本尚）
☞一時差異,永久差異,資産負債法

セグメント間取引（transaction between segments）　　【セグメ】

　同一企業（ないし同一企業グループ）内のセグメント間で行われる取引のことである。すなわち,セグメント間の内部売上や内部振替高などのことを示している。企業は,一般に外部の顧客に商品やサービスを提供することによって,利益を獲得している。そこでセグメント情報の開示上,外部の顧客に対する売上高などの情報と内部のセグメント間取引によるものとを区別して開示を行う必要がある。　　（岩崎勇）

セグメント情報 (segment information) 【セグメ】

　企業を事業の種類別あるいは活動地域別などの観点からいくつかのセグメントに区分することをセグメンテーションという。企業活動の多角化，大規模化さらにはグローバル化に伴い，企業活動を正しく把握するためには，特定のセグメンテーションに基づく情報が当該企業の経営分析・判断において非常に重要となってくる。こうした情報をセグメント情報といい，これを取り扱う会計をセグメント会計という。とりわけ企業集団の業績を的確に評価するためには，各種のセグメント情報は不可欠であるといえる。(松井泰則)
☞事業種類別セグメント情報，事業単位別セグメント情報，市場別セグメント情報，所在地別セグメント情報

全額消去・親会社負担方式 【総　論】

　親子関係にある会社の内部取引において生じる未実現損益の取扱いに関して，この未実現損益を全額消去し，全額を親会社に負担させる方式である。

　たとえば，親会社から子会社へ商品を販売した場合，すなわちダウン・ストリームの時に用いられる方法である。この取引は内部取引であり，この取引により生じた未実現損益は消去しなければならないが，この場合には少数株主は存在しないため，全額親会社の負担としなければならない。(倉田幸路)
☞未実現損益，全額消去・持分比率負担方式，全額消去方式，ダウン・ストリーム

全額消去・持分比率負担方式 【総　論】

　親子関係にある会社の内部取引において生じる未実現損益の取扱いに関して，この未実現損益を全額消去するが，親会社と子会社の持分の割合に応じて負担させる方式である。

　たとえば，子会社から親会社に商品を販売した場合，すなわちアップ・ストリームの場合及び子会社相互間の取引に用いる方法である。この方式は子会社に少数株主が存在する場合であり，もし少数株主がいなければ，親会社が全額負担することになる。(倉田幸路)
☞未実現損益，アップ・ストリーム，全額消去・親会社負担方式，全額消去方式

全額消去方式 【総　論】

　親子関係にある会社が行った内部取引に未実現損益が生じる場合，その未実現利益を全額消去する方法である。

　全額消去方式には，未実現利益の全額を親会社の負担とする全額消去・親会社負担方式と，少数株主がいる場合，親会社と少数株主の割合に応じて負担させる全額消去・持分比率負担方式とがある。これに対する考え方として，少数株主持分に相当するものは実現したものとみなし，親会社の持分のみを

ゼンブノレン

消去する親会社持分相当額消去方式が
ある。　　　　　　　　　（倉田幸路）
☞未実現損益，全額消去・親会社負担
　方式，全額消去・持分比率負担方式

全部のれん（full goodwill）【総　論】
　連結のれん（連結調整勘定）の計上
範囲については買入のれん説と全部の
れん説がある。買入のれん説では，親
会社の投資額とそれに相当する親会社
持分との相殺消去によって生じた差額
として計算する。これに対して，全部
のれん説では，少数株主持分に相当す
る部分についても，親会社持分相当額
などから推定して計算する。しかし，
少数株主は実際に投資を行っていない
ので，全部のれんの推定計算には客観
性がないという指摘もある。
　　　　　　　　　　　（梅原秀継）
☞のれん（連結調整勘定），買入のれん，
　少数株主持分

全面時価評価法（full market value method）【貸　借】
　子会社の支配獲得日における資産及
び負債の評価方法については，親会社
が子会社を支配した結果，企業集団に
含まれることになった事実を重視する
考え方によれば，子会社の資産及び負
債のすべてを，支配獲得日の時価で評
価する方法が考えられる。これを全面
時価評価法という。
　この方法によっている場合には，支
配獲得日において算定した子会社の資
本のうち親会社に帰属する部分を投資
と相殺消去し，支配獲得後に生じた子
会社の剰余金のうち親会社に帰属する
部分は，利益剰余金として処理する。
　　　　　　　　　　　（中嶋隆一）
☞部分時価評価法，連結剰余金

戦略的事業単位（strategic business unit：ＳＢＵ）【総　論】
　戦略の遂行を目的とした事業の単位。
ＳＢＵは，業務管理のための事業部制
を残したままで，全社的戦略の達成を
目指して設定された組織である。市場
面を考慮した組織形態であるため，事
業部制に欠けている組織的戦略性を
補ったものとなっている。ＳＢＵの設
定基準として，①明確に識別できる
ミッションを有すること，②事業単位
ごとに独自の競合者が存在すること，
③責任ある経営管理者が存在すること
などを挙げることができる。
　　　　　　　　　　　（徳賀芳弘）
☞組織再編

[そ]

総額主義 (principle of gross amount) 【キャッ】

キャッシュ・フロー計算書の表示方法は、他の財務諸表と同様に、明瞭表示の観点から総額表示が原則となる。「営業活動によるキャッシュ・フロー」を直接法で作成表示した場合には総額表示されることになる(間接法による表示は本来、作成原理上この原則にあたらない)。投資活動・財務活動によるキャッシュ・フローの表示区分でも、原則として、主要な取引ごと(有価証券の取得・売却など)に総額表示し、一会計期間の取引フローを明示することが求められる。(鈴木基史)

☞純額主義、営業活動、投資活動、財務活動、間接法

総資産利益率 (return on asset:ROA) 【分 析】

総資産(総資本)に対してどれだけの利益が上がったのか、という企業の総合力としての資本収益性を示す代表的な収益性指標の一つである。資本収益性は、収益性分析の最も基本的なものであり、投下した資本に対してどれだけの利益が上がったのかを示す指標である。なお、貸借対照表上、総資産と総資本は等しいので、総資産利益率は総資本利益率と同じものとなる。

(岩崎勇)

☞収益性分析、資本利益率

組織再編 (reorganization of business entities) 【総 論】

これは、会社の合併、分割、現物出資、事後設立などによって、企業組織を再編成することである。会社法上、これについて、例えば、合併や分割などの再編の形態別に規定を行っている。他方、企業会計上は、これについて、いわゆる企業結合会計基準などにおいて、共通支配下の取引、共同支配企業の形成、持分の結合、取得の四つのいずれかに該当するかに従って、会計処理を定めている。なお、企業結合は原則としてパーチェス法で処理される。

(岩崎勇)

☞三角合併、M&A

その他有価証券評価差額金 【貸 借】

持ち合い株などの「その他有価証券」の評価は、時価をもって貸借対照表価額とする。その他有価証券評価差額金は、その他有価証券の時価が取得原価より高いときには、税効果会計適用による繰延税金負債を考慮したプラスの評価差額金、また時価が取得原価より低いときには税効果会計適用による繰延税金資産を考慮したマイナスの評価差額金となる。この評価差額金は、

ソンエキブン

貸借対照表上，純資産の部の「評価・換算差額等」欄に記載する。（岩崎功）
☞評価・換算差額等，税効果会計，繰延税金資産・負債，純資産

損益通算(aggregation of profit and loss)　【連納税】

　連結納税制度は，親会社の課税所得と子会社の課税所得を合算・修正して連結所得を計算し，それに税率を乗じて，グループとしての課税額を算定する制度である。グループ企業に欠損会社があれば，グループ全体の課税所得は，欠損金も合算されるために連結所得は欠損金分だけ減少し，グループとしての連結納税額も減額される。連結納税制度では，グループ企業間の欠損金を含めた損益の通算ができるところに特徴がある。　　　（野田秀三）

損益分岐点分析(break-even analysis)　【分　析】

　損益分岐点とは，売上高がそれ以下になると損失が生じ，それ以上になると利益が生じる均衡点のことである。したがって損益分岐点分析は，利益を生み出すために必要な売上高がいくらになるかを分析する手法である。通常は，損益分岐点図表（利益図表）などを作成することによって分析される。損益分岐点分析を採用することによって，利益計画や予算編成などを効率的に行うことが可能となるため，企業の将来計画の策定のためには欠かせない手法となっている。　（首藤昭信）
☞固定費，変動費，変動費率

損金(expenses as defined in the tax regulations)　【税効果】

　損金とは，課税所得の計算要素の一つであり，会計上の利益の計算要素の一つである費用に相当する概念である。損金の額は，当該事業年度の収益に係る売上原価その他の原価，当該事業年度の販売費・一般管理費その他の費用，当該事業年度の損失（資本等取引を除く）からなる（法人税法22条3項）。会計上の収益・費用と課税所得計算上の益金・損金の帰属年度の相違から，税効果会計の対象となる一時差異や期間差異が生じる。　　　（橋本尚）
☞損金経理，益金

損金経理(reckoning the amount into expenses for accounting purpose)　【税効果】

　法人税法の課税所得は，株主総会などの承認を受けた決算利益を誘導して，申告時に，加算・減算の調整計算を行って算定する。この場合，法人税法は，企業内部のコントロールによる適正な手続きを尊重して，対外的な第三者間において実現しない引当金の設定のような内部取引などについては，確定決算を前提とした決算利益の基礎となる帳簿において，費用又は損失の経

損金算入項目 (inclusion in deductible expenses)　　　　　【税効果】

損金算入項目は，企業会計上，当期の費用又は損失とされなくても，法人税法上の課税所得計算において，当期の損金として認める項目をいう。したがって，結果的には，企業会計上の利益よりも課税所得が減少することになる。具体的には，圧縮記帳による圧縮損，各種の準備金計上額などの項目がある。　　　　　　　　　(福浦幾巳)
☞圧縮記帳，損金不算入項目

損金不算入項目 (exclusion from deductible expenses)　　　　　【税効果】

損金不算入項目は，企業会計上，当期の費用又は損失であっても，法人税法上の課税所得計算において，当期の損金として認めない項目のことをいう。したがって，結果的には，企業会計上の利益よりも課税所得が増加することになる。具体的には，資産の評価損などの項目がある。　　　　　　(福浦幾巳)
☞損金算入項目

理を行うことを要求する。これを損金経理と呼んでいる。　　　　　(福浦幾巳)
☞損金

〔 た 〕

退職給付引当金 (allowance for retirement benefit)　　　　　【貸借】

退職給付引当金は，労働協約や就業規則等に基づいて従業員に退職給付（退職年金及び退職一時金）が支給される場合に，退職給付の将来支給額を基礎に算定された当期負担分を当期の費用として計上するための貸方科目である。退職給付引当金の額は，退職時に支給される退職給付予想額を一定の割引率によって計算した退職給付債務から未認識過去勤務費用及び未認識数理計算上の差異を加減し，年金資産額を控除した額である。　　　(西村勝志)

ダウン・ストリーム (down-stream)　　　　　【貸借】

ダウン・ストリームとは，親会社から子会社へ財貨（棚卸資産や固定資産など）・用役（サービス）を販売する取引をいう。この取引は，連結企業集団の内部取引とみなされるため，当該取引及び未実現損益は，全額消去しなければならない。ダウン・ストリームでは，売手である親会社に少数株主は存在しないので，未実現損益は全額親会社が負担する。重要性が乏しい未実現損益は，消去しないことができる。

タックスプラ

(渋谷謙作)
☞未実現損益，アップ・ストリーム

タックス・プランニング（tax planning）
【連納税】

　税法で認められている方法により，租税負担の最小化又は納税時期の繰り延べを目的とした総合的な経営計画をタックス・プランニングあるいはタックス・マネジメントという。これは，租税負担額を最小にするというより，むしろ税引後手取額を最大にすることを意図して，組織構造，生産形態，販売方法，研究開発，人事管理，資金調達及び投資活動などを対象領域として広範囲に展開される。　　　（柳裕治）

棚卸資産（inventories）【貸借】

　商品・製品などの販売目的で保有する資産，仕掛品など製造中の資産，これらの財貨・用役を生産するために短期間に消費される原材料や工場消耗品などの資産をいう。営業循環基準により流動資産に分類される。非貨幣性資産の一つであり，支出額に基づいて取得原価が測定される。平均法，先入先出法などの計算により算定された帳簿棚卸高から，実地棚卸で把握された棚卸減耗費や低価評価損などが差し引かれる。　　　　　　　　（千葉啓司）
☞低価基準

段階法（step-by-step method）
【貸借】

　子会社を支配するための株式取得が2回以上に及ぶ場合，株式の取得日ごとに投資勘定と資本勘定の相殺消去を行う方法である。支配獲得日に一括して相殺消去を行う一括法とは異なる。子会社の資産及び負債の評価法の一つである部分時価評価法を採用している場合には，原則として段階法によることとなるが，連結計算の結果が著しく相違しない場合には，一括法により評価することも可能である。（中嶋隆一）
☞一括法，部分時価評価法

単元未満株式（shares smaller than one unit）【総論】

　会社がその発行する株式について，一定の数の株式をもって，株主が株主総会などにおいて1個の議決権を行使することができる1単元の株式とする場合におけるその一定の株式数のことを単元株式数といい，このような1単元に満たない株式のことを単元未満株式という。従来の商法では，似たような制度として端株制度があったが，会社法ではそれは廃止され，単元株制度に統合された。　　　　　（岩崎勇）

単体所得金額（amount of separate taxable income）【連納税】

　単体法人所得課税における内国法人の当該事業年度の所得金額を単体所得

金額という。これは，当該事業年度の益金の額から当該事業年度の損金の額を控除した金額であるが，具体的には公正妥当な会計処理の基準に従って計算された確定決算利益に税法の規定により修正（加算・減算）して誘導計算される。　　　　　　　　　（柳裕治）

☞連結所得金額

単体納税制度（separate tax return system）　　　　　　　【連納税】

　法的に独立した個別法人を課税単位として，課税所得を計算し，法人税等の申告・納付を行う法人所得課税制度をいう。わが国法人税法においては伝統的に単体納税制度が基本とされてきたが，平成14年税制改正により企業グループを課税単位とする連結納税制度が新たに導入された。なお，現行では両制度が選択可能なものとして併存している。　　　　　　　　（柳裕治）

☞連結納税制度

〔ち〕

中間会計期間（interim accounting period）　　　　　　　【総論】

　中間会計期間とは，期首から期央に至る会計期間，すなわち事業年度の開始日から半年にわたる会計期間のことをいう。中間会計期間に関する考え方には，中間会計期間を事業年度と並ぶ一会計期間とみる考え方と事業年度の一構成部分と位置付ける考え方がある。中間連結財務諸表等の作成基準では，前者の考え方に基づき中間連結財務諸表を作成するものとしている。これを実績主義という。　　　　（大野智弘）

☞中間連結財務諸表，中間決算日の差異

中間決算日の差異　　　　【中　間】

　中間決算日が中間連結決算日と異なる場合には，中間連結決算日において，中間連結財務諸表作成の基礎となる中間財務諸表を作成するために必要とされる中間決算を行わなければならない。ただし，当該差異が3ヶ月を超えない場合においては，この限りでない。また，当該差異の内容と中間決算が行われたかどうかを「中間連結財務諸表作成のための基本となる重要な事項」として記載する。　　　　（渡邊貴士）

チユウカンシ

☞中間財務諸表，中間会計期間

中間申告（midterm tax return）
【連納税】

中間申告とは，事業年度が6ヶ月を超える普通法人が，事業年度開始後6ヶ月を経過した日から2ヶ月以内に行う法人税の申告をいう。申告に際しては，前事業年度の法人税額又は当該事業年度の所得実績を基礎としなければならない。

連結親法人は，連結事業年度開始後6ヶ月を経過した日から2ヶ月以内に，前連結事業年度の連結確定申告に係る法人税額を基礎として中間申告をしなければならない。　　　　　（依田俊伸）

中間連結株主資本等変動計算書(interim consolidated statement of showing changes in stockholder's equity)
【中　間】

中間連結株主資本等変動計算書とは，連結貸借対照表の純資産の部の中間会計期間における変動額のうち，主に株主資本の各項目の変動事由を明らかにするために作成される計算書のことをいう。この作成は，事業年度の連結株主資本等変動計算書の作成手続きに準じて行われる。したがって，株主資本の各項目は変動事由ごとにその金額を表示し，株主資本以外の各項目については，その変動額を純額で表示することを原則とする。　　　　　　（大野智弘）

☞株主資本等変動計算書，連結株主資本等変動計算書

中間連結貸借対照表（interim consolidated balance sheet）【中　間】

中間連結貸借対照表とは，中間決算日における企業集団の財政状態を明らかにするために作成される計算書のことをいう。この作成は，原則として，事業年度と同じ会計処理基準に準拠した親会社及び子会社の中間貸借対照表を基礎として行われる。ただし，財政状態に関する利害関係者の判断を誤らせない限り，連結会社相互間の債権債務の相殺消去と棚卸資産に含まれる未実現利益の消去などについて，簡便な決算手続きが認められている。

（大野智弘）

☞連結貸借対照表

中間連結キャッシュ・フロー計算書
【中　間】

中間連結キャッシュ・フロー計算書とは，中間会計期間に係わる連結ベースのキャッシュ・フロー計算書のことである。そして，これは，連結キャッシュ・フロー計算書に準じて作成される。ただし，中間会計期間に係るキャッシュ・フローの状況に関する利害関係者の判断を誤らせない限り，集約して記載することができる。この記載範囲は，キャッシュ・フロー計算書の各表示区分内における主要な取引ご

とに表示する場合の項目の集約であり，項目をすべて集約して各表示区分合計額のみを記載することではない。

(渡邊貴士)
☞連結キャッシュ・フロー計算書

中間連結財務諸表 (interim consolidated financial statements)
【総　論】

　中間連結財務諸表とは，中間会計期間に係る企業集団の財政状態，経営成績及びキャッシュ・フローの状況などを明らかにするために作成される各種計算書のことをいう。具体的には，中間連結貸借対照表，中間連結損益計算書，中間連結株主資本等変動計算書及び中間連結キャッシュ・フロー計算書がある。中間連結財務諸表は，実績主義の考え方に基づき，原則として，年度の財務諸表と同様の会計処理基準を適用して作成する。　　　(大野智弘)
☞連結財務諸表

中間連結財務諸表（一般原則）(interim consolidated financial statements-general principles)　　【中　間】

　中間連結財務諸表の一般原則には，以下の三つの原則がある。

　第1の原則は，「中間連結財務諸表は，中間会計期間に係る企業集団の財政状態，経営成績及びキャッシュ・フローの状況に関し，有用な情報を提供するものでなければならない。」という「有用性の原則」である。

　第2の原則は，「中間連結財務諸表は，企業集団に属する親会社及び子会社が一般に公正妥当と認められる企業会計の基準に準拠して作成した中間財務諸表を基礎として作成しなければならない。」という「個別財務諸表基準性の原則」である。

　第3の原則は，「前事業年度において連結財務諸表を作成するために採用した会計処理の原則及び手続は，中間会計期間においてこれを継続して適用し，みだりに変更してはならない。」という「継続性の原則」である。

(渡邊貴士)
☞真実性の原則，個別財務諸表基準性の原則，継続性の原則

中間連結財務諸表（作成基準）【中　間】

　中間連結財務諸表は，原則として連結財務諸表の作成に当たって適用される会計処理の原則及び手続きに準拠して作成しなければならない。ただし，中間会計期間に係る企業集団の財政状態及び経営成績に関する利害関係者の判断を誤らせない限り，簡便な決算手続き（連結会社相互間の債権債務の相殺消去や連結会社相互間の取引に係る未実現損益の消去など）を行うことができる。　　　　　　(渡邊貴士)

チユウキジコ

中間連結損益計算書 (interim consolidated income statement)【中　間】

　中間連結損益計算書とは，中間会計期間に係る企業集団の経営成績を明らかにするために作成される計算書のことをいう。この作成は，原則として，事業年度と同じ会計処理基準に準拠した親会社及び子会社の中間損益計算書を基礎として行われる。中間損益計算書は，中間会計期間をひとつの独立した会計期間とする考え方（実績主義）に基づいて作成されることから，中間連結損益計算書にも実績主義による経営成績が表示されることになる。
　　　　　　　　　　　　　（大野智弘）
☞連結損益計算書，実績主義，中間会計期間

注記事項 (notes to consolidated financial statements)　【総　論】

　注記事項は，連結財務諸表利用者の本体情報に対する理解度や判断の注意力を高め，もって連結財務諸表の有用性を高めるべく付せられる補足的な説明のことである。明瞭性の原則に資する表示手段の一つである。

　具体的には，連結方針，決算日の差異，会計処理の原則及び手続き，利益処分の方法，偶発債務，手形割引高及び裏書譲渡高，1株当たり純資産額，減損損失，1株当たり当期純損益金額などがある。　　　　　　（大倉学）
☞明瞭性の原則，連結注記表

直接法 (direct method)　【キャッ】

　連結キャッシュ・フロー計算書を作成する際に，個別キャッシュ・フロー計算書を基礎とする方法（原則法）と，連結財務諸表を基礎とする方法（簡便法）がある。どちらの方法によっても，「営業活動によるキャッシュ・フロー」の表示方法として直接法と間接法がある。直接法は，主要な取引ごとに収入総額と支出総額を表示し，差額を計算する方法で，営業活動によるキャッシュ・フローの増減が明示される。ただし，直接法を採用する場合には実務上手数を要することなどの理由から，実際には間接法表示を採用する例が多い。　　　　　　（中嶋隆一）
☞連結キャッシュ・フロー計算書，営業活動，間接法

〔つ〕

追加取得(additional acquisition)
【貸借】

　子会社の支配獲得後に親会社が子会社の株式を追加取得した場合，少数株主持分が減少し，親会社持分は増加する。連結に際しては，追加取得により増加した親会社持分（追加取得持分）と追加投資額を相殺消去し，差額が生じた場合はのれん（連結調整勘定）として処理する。また，追加取得持分に対応する持分を少数株主持分から減額することになる。追加取得持分の計算には，部分時価評価法又は全面時価評価法が用いられる。　　（石坂信一郎）
☞少数株主持分，部分時価評価法，全面時価評価法

〔て〕

ＴＯＢ(take-over bit：株式の公開買付)
【総論】

　Take-over bit の略で，株式公開買付のことである。すなわち，被買収企業の株式を，株式市場において現在の株価にプレミアムを乗せて買い付けることである。これにより，その企業の支配権を獲得したり，その企業の株価を上昇させ，その株式を売却することによって株式売却益を得たり，あるいはその企業が保有する有益な経営資源などを獲得したりする。通常は，敵対的ＴＯＢとしてなされることが多い。
　　　　　　　　　　　（岩崎勇）

低価基準(lower of cost or market)
【換算】

　低価基準とは，資産の原価と時価とを比較して，いずれか低い価額により当該資産を評価する方法をいう。在外子会社等が棚卸資産について低価基準を適用している場合，当該棚卸資産は，外国通貨による原価又は時価によって表示されているが，外貨建取引等会計処理基準によれば，資産項目は決算時の為替相場により換算するので，外国通貨上，原価によるか時価によるかにかかわりなく，決算時の為替相場によ

り換算する。(小林秀行)
☞在外会社,決算日レート法

DES (debt equity swap:債務の株式化) 【総論】

debt equity swapの略で,債務の株式化のことである。すなわち,これは,借入金という企業の債務(debt)を資本(equity)を示す株式と交換(swap)することであり,債務を負っている企業は,その債務を返済する代わりに,その債権者に返済義務のない株式を発行するものである。この方法による場合には,債権者は貸付金を回収できなくなるが,その代わりにその会社の株式を得ることができ,その会社の業績が良くなれば配当や株式の売却益を期待できる。　　　　　　(岩崎勇)

適用税率 (applicable tax rate) 【税効果】

税効果会計では,税引前当期純利益が負担すべき税額を求めるために法定実効税率を使用する。法定実効税率は,以下のような計算方法によって計算する。

法定実効税率
$$=\frac{\text{法人税率}\times(1+\text{住民税率})+\text{事業税率}}{1+\text{事業税率}}$$

(福浦幾巳)

☞実効税率

テンポラル法 (temporal method) 【換算】

テンポラル法とは,属性法とも呼ばれ,外貨によって測定されている項目の属性を維持し,取得原価で測定されている外貨項目に関しては取得時又は発生時の為替相場(HR)で換算し,時価で測定されている外貨項目については決算日の為替相場(CR)で換算する方法である。したがって,テンポラル法は,在外支店の棚卸資産・有形固定資産などの非貨幣項目について取得原価を付されているものはHRで換算することになる。　　　　　(柴田寛幸)

☞修正テンポラル法,決算日レート法

〔と〕

当期加算減算完結項目　【税効果】

　当期において税務上の加算又は減算が行われ、これにより税務調整が完結してしまい、将来において税務上の加算又は減算が生じない項目のことである。これは、会計上と税務上の差異のうち当期に税務調整が完結してしまう項目なので、税効果会計の対象である一時差異とならない項目、いいかえれば永久差異に相当する項目のことである。これには、例えば、交際費（損金不算入額）などの項目がある。

（岩崎勇）

☞税務調整項目，一時差異，永久差異

当期純利益（current net income）
【損　益】

　当期純利益は、税金等調整前当期純利益から、①法人税、住民税及び事業税、②法人税等調整額、③少数株主損益を加減して算出される。このうち連結会計特有の項目である少数株主損益は、子会社の当期純利益のうち少数株主に帰属する額をいう。これを控除した結果である連結上の当期純利益は、親会社の当期純利益と子会社の当期純利益のうちの親会社帰属相当額で構成される。

（鈴木昭一）

☞税金等調整前当期純利益，法人税等，法人税等調整額

当期純利益（current net income）
【キャッ】

　連結キャッシュ・フロー計算書は、営業活動によるキャッシュ・フロー、投資活動によるキャッシュ・フロー、財務活動によるキャッシュ・フローの3区分から構成される。当期純利益は、間接法を採用した場合の「営業活動によるキャッシュ・フロー」の区分の最初に税金等を調整（減算）する前の金額である「税金等調整前当期純利益」の名称をもって表示される。

（田嶋敏男）

☞連結キャッシュ・フロー，税金等調整前当期純利益，間接法，営業活動，投資活動，財務活動

統計値比較法　【分　析】

　統計値比較法とは、特定企業の財務比率を算出し、一定の基準値と比較検討することによってその良否を分析する方法であり、標準比率法とも呼ばれる。ここで利用される基準値には、同業他社の財務比率や、公的機関や民間機関が公表する標準比率などが用いられる。絶対基準ではなく、相対的な基準値との比較を行うことにより、財務状況の適否をより的確に判断することが可能となる。比較を行う際には、企業規模や経営形態等を考慮することで

トウシ

より精緻な分析を行うことができる。
(首藤昭信)

☞期間比較，企業間比較

投資(非連結子会社及び関連会社への) (investments) 【貸　借】

　非連結子会社及び関連会社への投資は，原則として持分法で処理される。持分法とは，財務諸表の項目を個々に連結するのではなく，被投資会社の純資産及び損益における投資会社の持分相当額の変動に応じて，その投資の額を決算日ごとに修正する方法である。これは連結の簡便法ともいえる方法である。連結財務諸表上では営業外損益の区分に，「持分法による投資損益」と表示されるため，一行連結とも呼ばれる。
(石坂信一郎)

☞持分法による投資損益

投資(連結子会社への)(investments) 【貸　借】

　連結子会社への投資は，連結グループ内の内部取引であるため，親会社の投資（子会社株式）と，対応する連結子会社の資本（親会社持分）は相殺消去される。親会社持分以外は少数株主持分として処理される。相殺消去に連結子会社の資産負債を時価評価した後の資本を用いるが，部分時価評価法では株式の取得日ごとに算定し，全面時価評価法では支配獲得日の時価で算定する。消去差額はのれん（連結調整勘定）として計上する。
(石坂信一郎)

☞部分時価評価法，全面時価評価法

投資価額修正 (investment adjustment) 【連納税】

　連結子法人の株式を譲渡した場合に，何の調整も行わない場合には，連結子法人の株式の譲渡損に加え連結子法人の欠損金に伴う連結子法人株式の実質価値の下落に伴う損失を二重に計上することになる。また，連結子法人に所得があれば，連結子法人株式の譲渡益と二重に課税することになってしまう。そこで，連結子法人株式の帳簿価額の投資修正を行うことによって二重の損失計上又は二重に課税することを回避するために投資修正をすることが必要となる。
(野田秀三)

☞連結子法人

投資活動 (investing activities) 【キャッ】

　投資活動は，企業という有機的な組織体がある事業に資金を投入する行為のことである。投資の属性は，自社の事業又は他社の事業に投資するかによって分けられる。例えば，前者は固定資産の取得・売却，後者は有価証券の取得・売却にかかわる取引などが挙げられる。キャッシュ・フロー計算書の区分による投資活動は，有価証券の取得・売却，有形固定資産の取得・売却などにかかわる取引から生じる

キャッシュ・フローとして示される。
(吉岡正道)
☞連結キャッシュ・フロー計算書,営業活動,財務活動

投資消去差額　　　　　【貸借】

連結貸借対照表の作成に際して,親会社の子会社に対する投資とこれに対応する子会社の資本は相殺消去される。この場合,子会社の資産と負債が公正な評価額で評価されるので,親会社の投資とこれに対応する子会社の資本の間に差額が生じることがある。この差額を投資消去差額という。この差額は,親会社の貸借対照表において,のれん(連結調整勘定)として無形固定資産又は固定負債に計上され(会社計算規則),定額法などにより20年以内に償却されることになる(連結財務諸表原則,企業結合に係る会計基準)。
(瓶子長幸)
☞のれん(連結調整勘定)

投資税額控除　　　　　【連納税】

試験研究活動への助成,中小企業の生産活動の活性化,投資活動の促進といった目的で法人税額の特別控除を認める制度を投資税額控除という。投資税額控除には,試験研究費の額が増加した場合等の税額控除(措法42の4),エネルギー需給構造改革推進設備等の取得の税額控除(措法42の5),中小企業等が機械等を取得した場合の税額控除(措法42の6),事業基盤強化設備を取得した場合の税額控除(措法42の7)などがある。
(野田秀三)

特別損失　　　　　　　【損益】

特別損失は,前期損益修正損と臨時損失からなる。前期損益修正損は過年度に計上した損益の修正損を意味し,過年度減価償却不足修正額,過年度引当金不足修正額などがある。また,臨時損失とは,非経常的,一時的な性格の損失であり,固定資産売却損,投資有価証券売却損,減損損失,災害損失などがある。前期損益修正損と臨時損失は,いずれも当期の正常な経営活動を前提とした業績とは直接的な関係を持たないものである。
(鈴木昭一)

土地再評価差額金　　　【貸借】

1998年から2002年にかけて大企業が対象として実施された土地再評価法により,本社・工場及び営業所などの土地について1回限りで時価による再評価を認めたものである。土地再評価差額金は,土地の取得原価よりも時価が高いときには再評価に係る繰延税金負債を考慮したプラスの差額金となり,また逆の場合には繰延税金資産を考慮したマイナスの差額金となる。この項目は,貸借対照表上,純資産の部の評価・換算差額等欄に記載する。
(岩崎功)

☞評価・換算差額等

トクベツリエ

特別利益　　　　　　　　【損　益】

　特別利益は，前期損益修正益と臨時利益からなる。前期損益修正益は，過年度に計上した損益の修正益を意味し，過年度引当金過剰修正額，過年度償却債権取立額などがある。また，臨時利益は，非経常的，一時的な性格の利益であり，固定資産売却益，投資有価証券売却益などがある。前期損益修正益と臨時利益は，いずれも当期の正常な経営活動を前提にした業績とは直接的な関係を持たないものである。

（鈴木昭一）

トライアングル体制（triangular system）　　　　　　　　【総　論】

　日本の制度会計は，主として商法会計（会社法会計），証券取引法会計及び税務会計（法人税法に基づく会計）の三つから成り立っていることに注目して，トライアングル体制とよばれている。すなわち，商法（会社法）が制度会計の中心となっているものの，特別法としての証券取引法会計はとりわけ計算書類について会社法会計に圧倒的な影響を与えている。また，確定決算主義により税務会計は商法（会社法）会計と結びついている。

（弥永真生）

☞会社法，証券取引法，税務会計

〔 な 〕

内国法人（domestic corporation）　　　　　　　　【連納税】

　内国法人とは国内に本店又は主たる事務所を有する法人をいう。ここでの本店とは会社の本店であり，主たる事務所とは公共法人，公益法人等の事務所をいう。いずれにおいても国内の登記所において登記されているものをいう。内国法人は国内源泉所得と国外源泉所得に対して課税される。内国法人のうち公共法人を除いて納税義務がある。ただし，公益法人等と人格のない社団等については，収益事業からの所得に対してのみ課税される。

（成道秀雄）

☞外国法人

内部取引（internal transactions）　　　　　　　　【総　論】

　企業及び企業集団内部で行われる取引であり，企業及び企業集団外部の第三者との取引である外部取引と区別して用いられる。

　通常は，企業内における価値の移転を伴う取引，すなわち工業簿記における製造過程の記録が挙げられる。

　また，支店を持っている場合の本支店間の取引及び親子関係にある会社相

互間の取引も,形式的に独立していたとしても,最終的に一つの財務諸表が作成される場合,内部取引と考えられる。 (倉田幸路)

☞内部取引の相殺消去,内部取引【連納税】

内部取引 (internal transactions)【連納税】

連結法人間の内部取引のうち,固定資産,土地等,有価証券,金銭債権及び繰延資産(譲渡損益調整資産という)などに係る譲渡損益は,譲渡法人がこれを繰延べ処理を行う。また,繰延べられた譲渡損益は,その資産の譲受法人において譲渡,償却等の事由が生じたとき,益金(損金)の額に算入(戻入れ)する。なお,連結法人間の取引は時価により行うこととされるので,連結法人への寄附金の全額損金不算入と合わせ注意が必要である。

(春日克則)

☞内部取引【総論】

内部取引の相殺消去 (elimination of intragroup transactions)【総論】

連結財務諸表を作成する場合の親子会社間の取引及び本支店合併財務諸表を作成する場合の本支店間の取引は内部取引であり,財務諸表作成時点で存在する取引は,財務諸表を作成する際に相殺消去しなければならない。

相殺消去される内部取引には,債権債務取引,商品等の売買取引,利息・賃貸料・手数料等の損益取引及び利益配当に関する取引等があり,未実現利利益が生じる場合は,相殺消去しなければならない。 (倉田幸路)

☞内部取引【総論】,内部取引の相殺消去【貸借】

内部取引の相殺消去 (elimination of intragroup transactions)【貸 借】

連結会社間の取引は,個別財務諸表上は売上や仕入として計上されるが,連結グループ内での取引であるから連結上は取引とはみなされない。したがって,連結会社間の売上と仕入,貸付金と借入金,受取配当金と配当金のような取引は相殺消去する。また,連結会社間の取引により取得した棚卸資産・固定資産等が期末に連結グループ内に存在する場合,それらの資産に含まれる未実現損益の消去や減価償却費の調整も必要である。 (石坂信一郎)

☞内部取引の相殺消去【総論】

〔の〕

納税額方式 (tax payable method) 【税効果】

わが国では確定決算主義が採られているため、法人税は決算が確定してから納付されることになる。そのため、損益計算書で表示された利益に対応する法人税は、実際には翌期に納付されることとなる。税効果会計においては会計上の利益に対応する法人税等が損益計算書の法人税等と法人税等調整額の合計額となるが、税効果会計と同様に、会計上の利益と税金の対応を重視するものの、税法規定に従って計算された納付すべき法人税等を損益計算書の法人税等の額とする方式が納税額方式である。　　　　　　　　（小俣光文）

☞確定決算主義

のれん (goodwill) 【総論】

のれん（暖簾）の定義をめぐっては、さまざまな学説が主張されてきた。代表的なものは、企業価値（株主価値）と識別可能純資産額との差額と捉える説、企業が将来獲得する超過収益力と捉える説、ノウハウや複数の資産の相互作用から生じる相乗効果 (synergy) など識別不能な無形価値の総称と捉える説の三つである。同義語として「営業権」もあったが、2003年公表の「企業結合に係る会計基準」では「のれん」という用語で規定されている。

（梅原秀継）

☞営業権、買入のれん、自己創設のれん、負ののれん

のれん（連結調整勘定）(goodwill from consolidation) 【総論】

親会社が子会社の支配を獲得したときには、親会社の投資額と子会社資本のうち親会社持分に相当する額を相殺消去する必要がある。この親会社投資額と新たに獲得した持分額との差額を連結調整勘定（連結のれん）という。支配獲得時には、子会社の資産・負債を時価評価した後に相殺消去を行うので、この手続はパーチェス法の適用にほかならず、それゆえ連結調整勘定は「のれん」と同一の性格をもつといえる。　　　　　　　　（梅原秀継）

☞買入のれん、全部のれん

のれん償却（連結調整勘定償却）(amortization of goodwill) 【貸借】

企業結合ないし連結会計により生じたのれん（無形固定資産の部）ないし負ののれん（固定負債の部）の当期償却額をのれん償却ないし負ののれん償却という。従来、連結会計上は連結調整勘定と呼んでいたが、今時の企業結合会計基準の整備に倣い呼称が変更された。のれん償却は、P/L上「販売

費及び一般管理費」の区分に，負ののれん償却は，「営業外収益」の区分に表示されるが，双方が生じる場合でいずれかの金額の重要性が乏しい場合には，これらを相殺して表示することができる。　　　　　　　　（鈴木昭一）
☞のれん（連結調整勘定），負ののれん

〔 は 〕

パーチェス法（purchase method）
【総　論】

　パーチェス法は「取得」に該当する企業結合に適用される。「取得」とは取得企業が被取得企業の支配を獲得したとみなされる企業結合をいい，通常の売買取引と同様に，取得時の公正価値で資産・負債を測定する。この公正価値を基礎とした識別可能純資産額と「取得原価」（買収価額）との差額部分は，相乗効果など無形価値を示す買入のれんとして処理される。

（梅原秀継）
☞持分プーリング法，買入のれん

配当可能利益　　　　　【総　論】

　利益のうち株主への配当にあてることのできる金額をいう。わが国では，旧商法の規定する配当可能限度額を意味することが多い。なお，配当可能限度額の算定は個別財務諸表をもとに行われるものであり，連結財務諸表はこれを直接の目的としていない。そのため，連結財務諸表上は，配当にあてることのできない部分を示す「利益準備金」を独立して表示する必要性に乏しいと考えられる。こうした考えから，連結財務諸表原則では，これを他の諸

ハイトウキン

項目と併せて利益剰余金として一括して表示するよう要求している。

(赤城諭士)

配当金(dividend)【株主資本/剰余金】

　配当金は、企業活動の期間的経営成果たる剰余部分の分配であり、連結会計では、企業集団にとっての外部利害関係者たる株主への分配額である。企業集団のうち親会社が子会社から受け取った配当金は、企業全体から見れば、単に資金の移動でしかない。そのため、親会社が個別損益計算書で計上した受取配当金と子会社が利益処分時に計上した配当金を相殺消去する必要がある(連結相殺消去仕訳)。ただし、子会社が少数株主に支払った配当金がある場合、少数株主に負担させ、少数株主持分の減少として処理する。この結果、かっての連結剰余金計算書における配当金は親会社の利益処分時における配当金のみとなる。2006年施行の会社法では、剰余金分配のうち配当は株主総会の普通決議によっていつでも可能で、取締役会設置会社であるなどの一定の条件を満たせば、取締役会の決議でも可能となる。また、純資産額が300万円未満の場合には、配当を行えない。なお、会計理論上は、基本的にその他利益剰余金のみが配当可能であるが、制度(会社法)上は、その他資本剰余金からも配当可能であるとしている。

(西村勝志)

配当割引モデル(dividend discount model:ＤＤＭ)【分析】

　ＤＤＭは、ファイナンス分野の企業評価モデルの一つである。株式の価値はそれが生み出す配当(将来キャッシュ・フロー)を、自己資本コスト(投資家の期待する収益率)で割り引いた現在価値に等しい。ＤＤＭでは、株式価値をｔ期間の各期純利益と配当性向の積の合計額を(1+自己資本コスト)のｔ乗で除して求める。そのため1株当たり当期純利益や成長予測が必要になる。そして、この値を基礎に実際株価の高低を判断する。(山本正彦)
☞企業評価

半期報告書(interim report)【中　間】

　半期報告書とは、投資者の的確な投資判断に役立つ情報を適時に開示することを目的として、1年を事業年度とする証券取引法の適用会社が、中間会計期間に係る事業内容等を開示するために作成する報告書のことをいう。半期報告書には、連結及び個別ベースでの中間財務諸表、セグメント情報、その他事業内容に関する重要な事項などが記載される。半期報告書は、金融庁の電子情報開示システム(EDINET)を通じて閲覧できる。　　(大野智弘)
☞四半期報告書、有価証券報告書

販売費及び一般管理費(selling, general and administrative expenses)
【損　益】

　販売費及び一般管理費とは，企業の販売業務と一般管理業務すなわち主たる営業活動に関連して発生した各種費用である。販売業務と一般管理業務は厳密には異質のものであるが，実務上，区別が困難であるため一括表示される。例示すれば，販売手数料，荷造費，広告宣伝費，販売及一般管理部門の従業員の給料，賃金，手当，賞与，販売及び一般管理部門の交際費，旅費，交通費，通信費，租税公課，減価償却費などがある。　　　　　（鈴木昭一）

〔ひ〕

比較貸借対照表(comparative balance sheet)　　　　　　　　【キャッ】

　比較貸借対照表は，資産，負債及び純資産について期末残高から期首残高を控除し，期中のキャッシュ・フローの変化額を明らかにするものである。この比較貸借対照表をもとにキャッシュ・フロー精算表を作成し，ワークシート方式のキャッシュ・フロー計算書を作成する。収益とキャッシュ・インフロー並びに費用とキャッシュ・アウトフローの差額を調整し，キャッシュ・フローを認識・測定する。すなわち，営業活動によるキャッシュ・フローの区分表示は，売上収入，仕入支出，人件費支出及びその他営業支出などを認識・測定する直接法と，税引前当期純利益に非資金項目を加減し，営業資産負債の増減項目を加減算して認識・測定する間接法がある。投資活動・財務活動によるキャッシュ・フローは主要な取引ごとに総額表示する。
　　　　　　　　　　　　（齋藤幹朗）
☞（連結）キャッシュ・フロー計算書，直接法，間接法，営業活動，投資活動，財務活動

ヒキアテキン

引当金繰入額　　　　　【キャッ】

　引当金は，将来の特定の費用又は損失であり，当該費用の発生が当期以前の事象に起因し，発生の可能性が高く，金額を合理的に見積もることができることを要件として計上されている。これらの要件を満たすものには，貸倒引当金，退職給付引当金及び修繕引当金等が含まれる。これら繰入額は，当該費用の発生が当期以前の事象に起因しているが，当該会計期間のキャッシュは未支出であり，非資金費用である。この非資金費用は，直接法においては各引当金の増加額と当該期間の引当金繰入が相殺され，間接法においては各引当金の増加額は当期の費用であるが次期以降の支出である非資金費用であるので，当期純利益に加え戻してキャッシュ・フローを算出する。

（齋藤幹朗）

☞非資金項目

非資金項目(noncash items)【キャッ】

　企業の経営活動は，現金及び現金同等物の増加又は減少をともなう資金取引と現金及び現金同等物の増加又は減少をともなわない非資金取引からなる。

　キャッシュ・フロー計算書は，対象とする資金の範囲を現金及び現金同等物としており，現金及び現金同等物の増減をともなわない非資金取引は認識・測定しない。しかし，新株予約権付社債の権利行使，ファイナンス・リースによる資産の取得，株式の発行による資産の取得又は合併及び現物出資による株式の取得又は資産の交換等の非資金取引は，翌会計期間以降のキャッシュ・フローに重要な影響を与える取引であるのでキャッシュ・フロー計算書に注記しなければならない。

（齋藤幹朗）

ビジネス・セグメント・アプローチ
(business segment approach)
　　　　　【セグメ】

　セグメンテーションを行う場合の代表的なアプローチの一つである，ビジネス・セグメント（すなわち企業が営む事業活動を基準にしてセグメンテーションされた産業別セグメントや地域別セグメントなどの事業（活動）別セグメント）を基準としてセグメンテーションを行うアプローチのことである。この方法は従来一般に用いられてきたものであるが，今日ではマネジメント・アプローチによりセグメンテーションを行うことが多くなっている。

（岩崎勇）

☞マネジメント・アプローチ

1株当たりキャッシュ・フロー(cash flow per share)　　　　　【分析】

　1株当たりキャッシュ・フローとは，主に企業の収益や費用を生み出す諸活動から生まれ，商品・役務の販売・購買からもたらされる収入・支出や人件

費などから構成される営業活動からのキャッシュ・フローから優先株配当を差し引いて，発行済普通株式総数で除したものである。1株当たりのキャッシュ・フローは，1株当たりの純利益と比べ，短期的な業績評価や資本支出，配当支払い能力を示す尺度として優れている。　　　　　　　　　　（山本正彦）
☞1株当たり純利益

1株当たり純資産額（net asset per share）　　　　　　　　　　【分析】

1株当たり純資産額は，普通株式にかかわる期末の純資産額を期末の普通株式発行済株式数から同自己株式数を差し引いた株式数で除することにより算定する。1株当たり情報として開示要求されている純資産額は，普通株主に財政状態を示すため，利益配当請求権等が優先的な株式の発行金額，利益処分の社外流出項目のうち普通株主に帰属しない金額といった金額は期末の純資産額には含めない。（山本正彦）
☞1株当たり純利益，1株当たりキャッシュ・フロー

1株当たり純利益（net profit per share）　　　　　　　　　　【分析】

普通株主に対する企業成果の情報開示としての1株当たり純利益は，普通株式に係わる純利益を普通株式期中平均株式数（普通株式期中平均発行済株式数から同自己株式数を差し引いた株式数）で除することによって求める。なお，普通株式に係わる純利益は，損益計算書上の当期純利益から優先配当額，普通株主以外への配当，配当優先株式に係る消却差額などの普通株主に帰属しない金額を差し引くことにより求める。
　　　　　　　　　　（山本正彦）
☞1株当たり純資産額，1株当たりキャッシュ・フロー

評価・換算差額等（valuation and exchange differences）　　【貸借】

純資産の構成要素の一つで，連結損益計算書を経由せずに直接連結貸借対照表上の純資産の部に計上される資産負債の時価評価や為替換算（外国子会社等の財務諸表の換算）などに伴って生じる差額を処理・表示するためのものである。より具体的には，これには，その他有価証券を時価評価した結果生じるその有価証券評価差額金，ヘッジ会計を適用した場合の繰延ヘッジ損益，土地再評価法による土地再評価差額金及び子会社当の財務諸表の換算に伴う為替換算調整勘定などが含まれる。
　　　　　　　　　　（岩崎勇）

☞為替換算調整勘定

比率分析（ratio analysis）【分析】

実数分析に対比される経営分析の一方法であり，損益計算書や貸借対照表などの二つ以上の数値の関係を比率の形に表すことにより，収益性，安全性，

成長性などの特性を分析する方法である。用いられる比率には,全体に対する部分を表す構成比率や,たとえば利益と資本というように概念が異なる数値を関連づけて計算される関係比率などがある。比率分析は,期間比較のみならず,企業間の比較にも用いられる。
（泉宏之）

☞実数分析

比例連結(proportionate consolidation)
【総　論】

原初的親会社概念では,連結財務諸表によって親会社持分割合の情報のみ報告すれば足りると考えることから,少数株主持分割合に比例する資産や負債部分は連結情報からは削除するという合算処理の考え方を比例連結という。単独支配の実態からは,多数株主が意思決定機関を支配しており,持分割合以外の資産・負債も実質的にコントロールしているので,現在は親会社概念からも全部連結が合理的とされる。
（近田典行）

非連結子会社 (unconsolidated subsidiaries)　　　　　【貸　借】

非連結子会社とは,連結の範囲に含められない子会社をいう。親会社は,原則としてすべての子会社を連結の範囲に含めなければならないが,子会社のうち①支配が一時的であると認められる会社,②上記①以外の会社で,連結することにより利害関係者の判断を著しく誤らせるおそれのある会社は,非連結子会社となる。さらに,小規模子会社の場合,重要性の原則の適用により,連結の範囲に含めないことができる。
（渋谷謙作）

☞連結の範囲,重要性の原則

〔ふ〕

付加価値(value added) 【分 析】

　材料や生産設備を消費して生産物を生産するときに,企業で新たに付加(追加)された価値をいう。付加価値の計算には,①生産高(又は売上高)から他企業から購入した財貨や用役の消費高を控除して求める控除法と②付加価値を構成する人件費,利息,賃借料,租税公課,純利益などを加算して求める集計法(加算法)がある。付加価値を従業員数,売上高,有形固定資産などで除して労働生産性,付加価値率,設備生産性などの生産性分析に使用する。　　　　　　　　(岩崎功)
☞生産性分析

附属明細書(表)(schedules)【総　論】

　利害関係者の適切な意思決定に役立つように,貸借対照表及び損益計算書等を補足するために,重要項目について,期中の増減及び期末残高の内訳等を記載した明細一覧である。「財務諸表等規則」では,有価証券,有形固定資産等,社債,借入金,引当金の項目である。「連結財務諸表規則」(連結附属明細表)では,社債と借入金の項目だけである。なお,附属明細書は会社法(旧商法)上,附属明細表は金融商品取引法(証券取引法)上の名称である。　　　　　　　　(国田清志)
☞会社法,証券取引法

負ののれん(negative goodwill) 【総論】

　負ののれんとは,取得した事業全体の価値が,識別可能純資産額を下回る場合に生じる貸方差額をいう。負ののれんが生じる特別の原因として,①事業全体の価値や識別可能資産・負債の公正価値を認識・測定する過程で生じた会計上の誤謬(error),②情報不足や交渉過程で生じた割安購入(bargain purchase)などが挙げられている。わが国の「企業結合に係る会計基準」では,20年以内で償却することを求めている。　　　　　　　　(梅原秀継)
☞のれん,パーチェス法,のれん償却

部分時価評価法(partial market value method) 【貸 借】

　部分時価評価法とは,子会社の資産及び負債のうち,親会社持分に相当する部分については株式の取得日ごとに当該日における時価で評価し,少数株主持分に相当する部分については子会社の個別貸借対照表で評価する方法である。これは連結財務諸表作成の際に,親会社を重視した考え方に立つもので,全面時価評価方法の考え方と対比される。

　部分時価評価方法による場合は,株

式の取得日ごとに算定した子会社の資本のうち，取得した株式に対応する部分を投資と相殺消去し，株式の取得日後に生じた子会社の剰余金のうち取得した株式に対応する部分は，利益剰余金として処理するものとする。

(中嶋隆一)

☞全面時価評価法

フリー・キャッシュ・フロー（free cash flow）　【キャッ】

フリー・キャッシュ・フローとは，企業の営業活動から発生するキャッシュ・フローから不可避的な支出額を差し引いた，自由（フリー）に使用できるキャッシュ・フローのことをいう。具体的には，種々の考え方があるが，営業活動によるキャッシュ・フローから，税金を控除し，さらに生産維持に必要な設備投資を控除する広義の概念や，投資キャッシュ・フロー全体を控除する狭義のフリー・キャッシュ・フローなどがある。　　　　(鈴木基史)

☞キャッシュ・フロー，フリー・キャッシュ・フロー経営

フリー・キャッシュ・フロー経営（free cash flow management）　【分　析】

ＦＣＦ（フリー・キャッシュ・フロー）の最大化や戦略的確保を目指した経営のことである。ＦＣＦは，営業活動キャッシュ・フローから不可避的な支出項目を控除した金額であり，経営者が自由（フリー）に使用しうるキャッシュ・フローであるといわれる。論者によって不可避的な支出項目は異なるが，簡単には，投資活動キャッシュ・フローをいう。ＦＣＦの大小は，資金調達や返済などの財務活動キャッシュ・フローに影響を与えるので，そのプラスを継続し，しかも最大化を目標とする。　　　　(岩崎功)

☞キャッシュ・フロー経営，フリー・キャッシュ・フロー

〔へ〕

別段の定め (provisions otherwise provided in) 【税効果】

　法人税法における各事業年度の課税所得は，同法第22条第4項に定める「一般に公正妥当な会計処理の基準」に従って計算される収益，原価，費用，損失に基づいて計算されるが，法人税法は，税法独自の目的に合うように企業利益を修正して課税所得を算定するための規定を設けている。これが，別段の定めといわれるもので，企業会計上の収益又は費用を修正して法人税法上の益金又は損金を算定することになる。
　　　　　　　　　　　　(矢内一好)

変動費 (variable costs) 【分　析】

　経営活動（操業度）の増減によって，総額が比例的に変化する原価を変動費といい，直接材料費，出来高給制による直接労務費，販売関連直接費などがある。変動費は，製品の販売価格との関連が重要であり，変動費の僅かな抑制が，利益をもたらす。そのため，連結会計にとっては，製品市況や原材料価格等の変動要因や，個別受託業務の内製化による変動費の抑制などが，業績を大きく左右するといわれる。
　　　　　　　　　　　　(奥村輝夫)

☞変動費率，固定費

変動費率 (variable cost ratio) 【分　析】

　売上高に対する変動費の割合（比率）を変動費率という（変動費÷売上高）。変動費率は低いほど利益に貢献し，高いと利益が減少する。変動費は，直接材料費の割合が大きいので，直接材料の仕入額が変動費率を左右することが多い。また，変動費は，売上高の増減に比例して発生するので，売上高が増減しても，変動費の発生に何らかの手を打っていなければ，変動費率は一定と考える。変動費率は，損益分岐点分析にも応用される。
　　　　　　　　　　　　(奥村輝夫)

☞変動費，損益分岐点分析

〔ほ〕

法人税等（taxes on income）【税効果】

　法人の所得を課税標準とする税には，国税である法人税と，地方税である法人住民税及び事業税がある。法人税の課税所得の計算上，事業税は損金算入され，法人税と法人住民税は損金算入されない。企業会計では，税引前当期純利益の金額の次に法人税等としてこれらの金額を記載し，法人税等及び法人税等調整額の金額を控除して当期純利益の金額が算定される。なお，法人税等の金額は未払いのため，未払法人税等として流動負債の部に記載される。
　　　　　　　　　　　　（矢内一好）
☞法人税等調整額

法人税等調整額（deferred income taxes）【税効果】

　法人の課税所得は企業利益を調整して算定することから，法人税等の額が税引前当期純利益と期間対応しないことになる。法人税等調整額とは税効果会計の適用により計上される法人税，法人住民税及び事業税の調整額のことをいうが，企業会計上の資産・負債と税務上の資産・負債の差額である一時差異に実効税率を乗じて計算された繰延税金資産と繰延税金負債の純額の期中増減額は法人税等調整額として計上されることになる。　　　　（矢内一好）
☞法人税等，繰延税金資産・負債

法的実体（legal entity）【総論】

　個別財務諸表は，法的に独立の実体を有する企業，すなわち法人格を有する企業（典型的には会社）の財政状態及び経営成績を明らかにすることを目的とする。このような法的に他の企業体から独立した企業体を法的実体という。経済的実体（economic entity）と対比される概念である。（弥永真生）
☞経済的実体

〔ま〕

マネジメント・アプローチ（management approach） 【セグメ】

　セグメンテーションを行う場合の代表的な考え方の一つ。マネジメント・アプローチとは，経営者が業績評価目的のために事業部や子会社などを戦略的事業単位として位置づけマネジメントしている，いわば通常，企業内部で用いているセグメンテーションをそのまま外部報告のためのセグメント会計にも適用しようとする考え方のことをいう。　　　　　　　　（松井泰則）
☞ビジネス・セグメント・アプローチ

〔み〕

未実現損益（unrealized profit and loss） 【損　益】

　連結会社相互間の取引によって取得し，期末に所有し続けている資産に含まれる未実現の損益をいう。たとえば，親会社が販売した商品を，子会社が期末に保有している場合には，この取引から利益は生みだされていない。企業集団を単一の組織体と見る連結の立場からは，単に企業内部で資産が移動したにすぎないと考えるからである。よって，連結財務諸表の作成にあたっては，当該取引から生じた未実現利益の消去が必要となる。　　（菱山淳）
☞未実現損益の消去法

未実現損益の配分 【損　益】

　たとえば，子会社が親会社に利益を付して商品等を販売しており，売り手側の子会社に少数株主が存在する場合には，未実現損益は，親会社と少数株主の持分比率に応じて，親会社持分と少数株主持分とに配分する。この方法を全額消去・持分比率負担方式という。より具体的には，親会社の期末商品に子会社（80％の株式を所有）から購入した商品200千円が含まれている場合には，次の仕訳を行う。売上総利益率

ミジツゲンソ

を15%とする。

(借) 売上原価　30,000
　(貸) 商　　品　30,000
(借) 少数株主持分　6,000
　(貸) 少数株主損益　6,000
（菱山淳）

☞未実現損益，少数株主持分，全額消去・持分比率負担方式

未実現利益の消去方法（elimination method of unrealized profit）　【損益】

　親子会社間あるいは本支店間に生じた未実現利益は，相殺消去しなければならない。未実現利益は，商品・製品などの棚卸商品だけでなく，固定資産など取引についても生じる。

　連結財務諸表の場合，親会社から子会社へのダウン・ストリームでは，全額消去・親会社負担方式をとるが，子会社から親会社へのアップ・ストリームでは，親会社が全額消去をし，持分割合に応じて負担する全額消去・持分比率負担方式と，少数株主の分は実現したものとみなす親会社持分相当額消去方式がある。　（倉田幸路）

☞ダウン・ストリーム，全額消去・親会社負担方式，全額消去・持分比率方式

みなし連結会社間取引　【総論】

　連結会計上，法形式上は連結会社間取引ではないがその経済的実質は連結会社間で実施された取引をいう。たとえば，海外のペーパー・カンパニー（実体のない登記簿上存在するだけの会社）を相手にいったん売買契約を結び，次に連結子会社と当該ペーパー・カンパニーとの間で売買契約を結ぶが，売買対象の財自体は親会社から子会社に直接送付されるような取引である。その実態は連結会社間取引であるから連結上は相殺消去の対象とすべきである。　（佐藤信彦）

みなし子会社　【総論】

　親会社及び子会社が共同で，または子会社だけで他の会社の意思決定機関を支配している場合に，子会社とみなされる当該他の会社をいう。これには，親会社と子会社が一体となって他の会社を支配している場合，子会社1社で他の会社を支配している場合及び複数の子会社が一体となって他の会社を支配している場合がある。親会社が単独で他の会社の意思決定機関を直接支配しているわけではないが，この場合にも，連結の対象として取り扱われる。
（佐藤信彦）

☞親会社，子会社

〔む〕

無形固定資産(intangible fixed assets)
【貸 借】

　無形固定資産とは，連結貸借対照表における固定資産の部の第二区分である。無形固定資産に属する項目はのれんとその他である。のれんは親会社又は子会社が，吸収合併・吸収分割・株式交換・新設合併・新設分割・株式移転・事業の譲受けなどにより取得した買入のれん及び連結のれん（連結調整勘定）である。(正の) 連結のれんとは，親会社の子会社に対する投資とこれに対応する子会社の資本との相殺消去にあたり生じた借方差額である。その他は特許権・借地権・鉱業権などの無体財産権である。　　　　（佐藤文雄）
☞のれん，のれん（連結調整勘定）

〔め〕

明瞭性の原則(principle of clearness)
【総 論】

　この原則は，第3原則として「連結財務諸表は，企業集団の状況に関する判断を誤らせないよう，利害関係者に対し必要な財務情報を明瞭に表示するものでなければならない。」と規定されている。

　この原則には，「連結財務諸表の表示等」に関して重要性の原則が適用される。　　　　　　　　　（髙木秀典）
☞真実性の原則，継続性の原則，個別財務諸表基準性の原則，重要性の原則

[も]

持株会社 (holding company) 【総論】

他の複数の会社の株式を所有することにより、それらを支配することを目的とする会社をいう。持株会社には、自社固有の事業を営みつつも上記の目的を果たす会社（＝事業持株会社）と、上記の目的を主たる事業とする会社（＝純粋持株会社）の二つがある。わが国では独占禁止法により、長きに渡って後者の純粋持株会社が禁止されてきた。しかし、1997年に同法が改正され、以後、その設立が認められている。 (赤城諭士)

持株基準 (holding basis) 【総論】

持株基準とは、ある会社が他の会社の議決権付株式の過半数を実質的に所有している場合、当該企業間に支配従属関係があるとみなす連結範囲の決定基準である。この基準は、支配従属関係が株式保有の割合により客観的に判定される点で実践上の安定性や容易性があるが、他方、株式保有が過半数に満たなくとも人的関係や取引関係等を通じて実質従属会社として支配している経済的実態を連結情報に取り込めないなどの問題点がある。 (近田典行)

☞支配力基準

持分プーリング法 (pooling of interests method) 【総論】

持分プーリング法では、結合当事企業の資産・負債及び純資産（資本）項目を簿価のままで引き継ぐ。その適用は、いずれの企業も支配を獲得していない「持分の結合」に限定されるべきであるが、パーチェス法適用による買入のれんの償却負担を回避するために、経営者は持分プーリング法を濫用する傾向にある。そこで、わが国の「企業結合に係る会計基準」でも①対価の種類②議決権比率③実質的支配の有無といった三つの適用要件を定めて、この濫用を抑止している。 (梅原秀継)

☞パーチェス法、買入のれん

持分法 (equity method) 【貸借】

持分法とは、投資会社が被投資会社の純資産及び損益のうち投資会社に帰属する部分の変動に応じて、その投資の額を連結決算日ごとに修正する方法をいう。持分法は原則として、非連結子会社及び関連会社に適用される。投資会社は、被投資会社への投資を取得原価で記帳し、連結決算日に被投資会社の資産及び負債の評価、税効果会計の適用など、原則として、連結子会社の場合と同様の処理を行う。

(渋谷謙作)

☞持分法適用会社

持分法適用会社(company accounted for by equity method) 【貸　借】

　持分法適用会社とは，非連結子会社及び関連会社であって，連結財務諸表作成にあたり，持分法が適用される会社をいう。連結財務諸表に重要な影響を与えない場合には，持分法の適用会社としないことができる。会社計算規則では，財務及び事業の方針の決定に対する影響が一時的であると認められる関連会社，または持分法を適用することにより株式会社の利害関係人の判断を著しく誤らせるおそれがあると認められる非連結子会社及び関連会社は，持分法を適用しないこととしている。

（渋谷謙作）
☞持分法，非連結子会社，関連会社

持分法による投資損益(equity method gain and loss) 【損　益】

　持分法を適用した場合に，被投資会社が純損益を計上したならば，連結会計上それに対応する持分額を投資勘定の増減として認識するとともに持分法による投資損益を認識し，連結純損益に含める必要がある。さらに，連結財務諸表が作成される場合と同様に，以下のような修正処理を行う必要がある。

(1) 会社間に生じた未実現利益の消去
(2) 投資の原価とその取得日における被投資会社の純資産に対する持分との差額すなわち投資差額の償却
(3) 被投資会社から受取った配当額を投資勘定の帳簿価額から控除すること

（田嶋敏男）

ヤクインショ

[や]

役員賞与 (bonus to officers)
【損　益】

　役員賞与とは，役員（取締役・執行役，監査役及び会計参与）に対して臨時的に支給される給与である。これと類似する役員報酬は，役員に対して規則的・反復的・定期的に支給される給与である。企業会計基準委員会が2005年11月29日に公表した「役員賞与に関する会計基準」（企業会計基準第4号）によれば，役員賞与は従来の慣行とは異なり，役員報酬と同じく発生時の費用として処理するものとしている。これは，役員賞与と役員報酬との類似性（職務執行の対価）を重視するとともに，新会社法では両者の支給手続きが同一の手続きで支給され，利益処分の株主総会決議（旧商法第238条第1項参照）に相当する定めがないからである。また，従来の連結財務諸表作成では，親子会社間の会計処理の整合性が図れないという批判もあった。利益処分時に当該金額が確定する役員賞与は，費用発生時では引当金処理となり，連結会計上，少数株主持分を減少させる従来の連結消去仕訳が不要となった。
　　　　　　　　　　　（西村勝志）

[ゆ]

有価証券 (securities)　【貸借】
　証券取引法第2条に列挙される国債，社債，株券などをいう。「金融商品に係る会計基準」では，保有目的から①売買目的有価証券，②満期保有目的の債券，③子会社株式及び関連会社株式，④その他有価証券などに区分する。
　売買目的有価証券は時価をもって貸借対照表価額とし，評価差額は当期の損益となる。満期保有目的の債券は取得原価ないしは償却原価法により算定された価額をもって貸借対照表価額とする。子会社株式及び関連会社株式は取得原価で評価される。その他有価証券は時価をもって貸借対照表価額とするが，その評価差額については，洗い替え法に基づき，税効果会計適用後の金額について，(1)合計額を純資産の部に直接計上する方法，と(2)評価損は当期の損失とし，評価益を純資産の部に直接計上する方法のいずれかを選択適用することができる。　　（千葉啓司）
☞有価証券評価損益【損益】

有価証券届出書　　　　【総　論】
　発行価額又は売出し価額の総額が1億円以上の有価証券の募集又は売出しをする場合，発行予定会社が，内閣府令で定めるところにより届出する発行

市場における開示書類である。原則，当該募集又は売出しに関する事項，当該会社の属する企業集団及び当該会社の経理の状況，事業の内容に関する重要な事項，その他公益又は投資者保護のため必要かつ適当なものとして内閣府令で定める事項などが記載される。

(国田清志)

有価証券売却損益(gain and loss from securities sale)　【キャッ】

　有価証券は，財産的権利を化体した権利書である。企業は，有価証券の取得時に購入代価に手数料などを加えた額を「有価証券の取得による支出」としてキャッシュ・フロー計算書に計上する。また，売却時に売却価額から手数料などを減じた額を「有価証券の売却による収入」として計上する。これらの支出と収入の差額が売却損益となる。この損益は，現金流出入規準によって計上される。　　　　　(吉岡正道)

有価証券評価損益(gain and loss from securities revaluation)　【損　益】

　時価変動による利益獲得を目的として保有する有価証券すなわち売買目的有価証券は，決算時に時価評価が要求される。そのさい生じる簿価との差額が有価証券評価損益である。評価益の場合には実現原則との関わりが問題となるが，企業活動上，売買目的有価証券の即時売却には制約が認められないなどの理由から，評価損益は当期の損益として処理される。損益計算書上，有価証券売却損益（又は損失）に含めて掲記することもできる。　(鈴木昭一)

☞有価証券，低価基準

有価証券評価損益(gain and loss from securities revaluation)　【キャッ】

　有価証券は，財産的権利を化体した権利書である。企業は，有価証券の取得時に購入代価に手数料などを加えた額を「有価証券の取得による支出」としてキャッシュ・フロー計算書に計上する。また，売却時に売却価額から手数料などを減じた額を「有価証券の売却による収入」として計上する。

　しかし，有価証券評価損益は，有価証券の取得や売却などのように収支がなく，直接法の採用時には，キャッシュ・フロー計算書には記載されない。ただし，間接法を採用した場合には，税金等調整前当期純利益から営業キャッシュ・フローを計算するために，有価証券評価損益を加減する必要がある。

(吉岡正道)

☞有価証券，低価基準

ユウカシヨウ

有価証券報告書 (securities report)
【総論】

　公益又は投資者保護のため,事業年度ごとに,当該会社の商号,当該会社の属する企業集団及び当該会社の経理の状況,事業の内容に関する重要な事項などを記載した流通市場における開示書類である。事業年度経過後3ヶ月以内に内閣総理大臣に提出しなければならない。企業情報としては,企業の概況,事業の状況(事業リスクなど),設備の状況,提出会社の状況,経理の状況(連結財務諸表や財務諸表など)などが開示される。　　　(国田清志)
☞有価証券

有形固定資産 (tangible fixed assets)
【貸借】

　有形固定資産とは,連結貸借対照表における固定資産の部の第一区分である。有形固定資産は連結貸借対照表では,①建物・構築物,②機械装置・運搬具,③土地,④建設仮勘定,⑤その他,という5項目に区分される。建物と機械装置は,その付属設備を含む。運搬具には,船舶及び水上運搬具,鉄道車両・自動車その他の陸上運搬具,飛行機・ヘリコプターその他の航空機が該当する。その他は工具・器具・備品,生物などである。　　　(佐藤文雄)
☞無形固定資産

有形固定資産売却損益 (gain and loss from tangible fixed assets)
【キャッ】

　有形固定資産は,持続可能な営業活動を維持するために,長期間にわたって利用又は保有する経営資源である。企業は,有形固定資産の取得時に購入代価に手数料などを加えた額を「有形固定資産の取得による支出」としてキャッシュ・フロー計算書に計上する。また,売却時に売却価額に手数料などを減じた額を「有形固定資産の売却による収入」として計上する。もっとも,売却時の簿価は,取得原価から減価償却累計額を差引いた価額となる。また,減損損失が計上されていたときは,その価額から,さらに減損損失額が差引かれる。したがって,売却時の帳簿価額と「有形固定資産の売却による収入」の差額が売却損益となる。(吉岡正道)

有用性の原則 (principle of usefulness)
【総論】

　会計情報の有用性は,情報利用者の意思決定の役立に係わるものである。連結会計におけるこの原則も有用な連結会計情報の提供を指向することにある。

　この原則は一般原則というよりも連結会計の公準としての性格を有する。1997年の「連結財務諸表原則」から,連結の範囲を支配力基準により決定するのが原則となった。この基準導入の

根拠として、この原則の影響もあると考えられる。　　　　　（髙木秀典）
☞支配力基準，連結の範囲

〔よ〕

予測主義　　　　　　　　【中　間】

　予測主義とは，中間会計期間を事業年度の一構成部分と位置付けて，中間連結財務諸表を，部分的には年度の連結財務諸表と異なる会計処理基準を適用して作成することにより，当該中間会計期間を含む事業年度の業績の予測に資する情報を提供する考え方をいう。現行制度が実績主義を採用したことにより，従来適用されていた中間決算に特有の会計処理（営業費用の繰延処理及び繰上計上など）は認められない。
　　　　　　　　　　　　　（渡邊貴士）
☞中間会計期間，中間財務諸表，実績主義

〔り〕

利益剰余金 (earned surplus) 【貸借】

利益剰余金とは，連結貸借対照表における純資産の部の中の株主資本の区分に属する項目であり，企業集団の留保利益を意味する。連結利益剰余金は，連結資本剰余金とともに，かつては連結剰余金を構成していた。連結利益剰余金は，親会社の利益準備金・任意積立金・繰越利益剰余金，親会社による子会社株式の取得日後又は支配獲得日後に生じた子会社の利益剰余金のうち親会社に帰属する部分から成る。

(佐藤文雄)

☞資本剰余金

離脱 (disaffiliation) 【連納税】

連結納税の承認取消し（①国税庁長官の職権によるもの，②連結子法人が100％子法人でなくなったことなどによるみなし取消しがある）により，連結子法人は連結グループから離脱する。離脱した場合，原則として期首から離脱日の前日までは，みなし事業年度を設け，連結法人としての単体申告を行い，離脱日以降の期間は単体申告に戻る。なお，離脱した法人は5年間再加入できない。また，離脱時の時価評価課税は行わない。 (春日克則)

☞加入

流動資産 (current assets) 【貸借】

流動資産とは，連結貸借対照表における資産の部の第一区分である。流動資産は連結貸借対照表で，①現金・預金，②受取手形・売掛金，③有価証券，④棚卸資産，⑤繰延税金資産，⑥その他，という6項目に区分される。有価証券には売買目的有価証券，1年内に満期の到来する有価証券が該当する。棚卸資産には商品，製品，半製品，原材料，仕掛品，貯蔵品が該当する。その他は前渡金，前払費用，未収収益，短期貸付金，未収入金などである。

(佐藤文雄)

☞固定資産

流動比率 (current ratio) 【分析】

支払能力の良否を見る安全性の分析の一つで古くから使用され，流動資産を流動負債で除して求める。この比率は，1年以内に返済を要する流動負債を1年以内に現金化できる流動資産で賄うことが必要となるので，高いほど望ましい。しかし，流動資産には，即座に換金できる当座資産はともかく，販売により換金できる製商品などの棚卸資産が含まれているので，経験的に200％以上が望ましいとされ，「2対1の原則」ともいわれている。(岩崎功)

☞安全性の分析，当座比率

流動・非流動法(current-noncurrent method)　【換　算】

　流動・非流動法とは，流動項目（流動資産及び流動負債）については決算日の為替相場（ＣＲ：current rate）を採用し，非流動項目については取得時又は発生時の為替相場（ＨＲ：historical rate）を用いて換算を行う方法である。この方法によると，たとえば，棚卸資産は，在外支店では取得原価で測定されているが，流動資産であるので決算日レート（ＣＲ）で換算することになり，その属性と整合しないなどの問題点がある。　（柴田寛幸）
☞貨幣・非貨幣法

流動負債(current liabilities)【貸　借】

　流動負債とは，連結貸借対照表における負債の部の第一区分である。流動負債は連結貸借対照表で，①支払手形・買掛金，②短期借入金，③未払法人税等，④繰延税金負債，⑤引当金，⑥その他，という６項目に区分される。短期借入金は手形借入金，当座借越を含む。引当金には，製品保証引当金，売上割戻引当金，返品調整引当金，賞与引当金，工事補償引当金，修繕引当金などが該当する。その他は未払金，未払費用，前受金，預り金，前受収益などである。　　　　　　（佐藤文雄）

臨時報告書　　　　　【総　論】

　臨時報告書は，有価証券報告書提出会社が，公益又は投資者保護のため内閣府令で定める事由が発生したときに，遅滞なく内閣総理大臣に提出する臨時の開示書類である。海外での有価証券の募集又は売出しの開始，親会社又は特定会社の異動，主要株主の異動，株式移転に係る株主総会の決議，連結子会社の破産申立て，連結子会社における重要な災害の発生，重要な後発事象に相当する事象の発生など，適時にその内容が開示される。　（国田清志）

レンケツオヤ

〔 れ 〕

連結親法人（consolidated parent corporation）【連納税】

　連結親法人とは，連結納税を行うことにつき国税庁長官の承認を受けた，完全親子会社関係にあるグループ内の親会社をいう。この連結親法人となれる内国法人は普通法人又は協同組合等に限られている。普通法人又は協同組合等との間にその普通法人等による完全支配関係がある法人や清算中の法人，資産流動化法に規定されている特定目的会社，投資信託や投資法人に関する法律に規定されている投資法人等は連結親法人になれない。　（成道秀雄）
☞連結子法人

連結会計（consolidated financial accounting）【総　論】

　支配従属関係にある複数の企業から構成される企業集団に関して，法的実体としての個別企業に係る財務諸表からは判断できない企業集団自体の財政状態及び経営成績などを示すために，企業集団を単一の組織体とみなして親会社が作成するものが連結財務諸表である。

　連結会計は，このように，企業集団に係る情報を提供するために連結財務諸表を作成する仕組みのことである。
　　　　　　　　　　　　（大倉学）
☞連結財務諸表

連結会社（consolidated companies）【貸　借】

　連結会社とは，連結財務諸表を作成・提出する親会社と，親会社に連結された子会社（連結子会社）をいう。連結子会社には，子会社が支配している会社（いわゆる孫会社）も含まれる。連結財務諸表作成にあたっては，連結会社間の取引の相殺消去など，一連の連結手続きを行う。　（渋谷謙作）
☞子会社，在外会社，非連結子会社

連結確定申告書（consolidated final tax return）【連納税】

　連結確定申告書とは，連結事業年度終了後2ヶ月以内に，税務署長に対して提出される確定申告書である。

　連結親法人が，連結確定申告書の提出及び連結法人税の納税の義務を負っている。

　連結確定申告書には，当該連結事業年度の課税標準である連結所得金額又は連結欠損金額，連結所得金額に基づき計算した連結法人税の額などが記載される。　　　　　　　　（依田俊伸）
☞連結事業年度，連結親法人，連結所得金額，連結欠損金

連結株主資本等変動計算書
(consolidated statements of stockholder's equity)【株主資本/剰余金】

連結株主資本等変動計算書は,一会計期間における連結貸借対照表の純資産の部の変動額のうち,主として株主資本の項目の変動事由を報告するために作成される。

株主資本の項目は,前期末残高,当期変動額及び当期末残高に区分し,当期変動額は変動事由ごとにその金額が表示される。連結損益計算書の当期純利益(又は当期純損失)は,利益剰余金及びその他利益剰余金の変動事由として表示される。 (近田典行)
☞純資産,株主資本等変動計算書

連結基礎概念 【総 論】

連結財務諸表作成の視点であり,連結会計主体とも呼ばれる。連結財務諸表を親会社財務諸表の明細と考える親会社概念と子会社の少数株主をも含む企業集団全体の財務諸表と考える経済的単一体概念とが有力であり,対立している。親会社概念では,少数株主持分は負債,負債項目と純資産(資本)の中間項目又は純資産(資本)項目と考えられるが,経済的単一体概念では純資産(資本)とみなされる。なお,これら以外に比例連結と結びつく親会社株主概念もある。 (佐藤信彦)
☞連結財務諸表,経済的単一概念,親会社概念,少数株主持分

連結キャッシュ・フロー計算書
(consolidated cash flow statement)【キャッ】

一会計期間のキャッシュ・フローを企業集団が行う営業・投資・財務活動に区分して作成・表示する財務諸表である。わが国では連結財務諸表制度の見直しの中で2000年3月期から導入された。作成方法は原則法と簡便法がある。原則法は,個別キャッシュ・フロー計算書を基礎とし,集計・記載されたキャッシュ・フローの項目についてグループ内部での資金の振替などを相殺消去して作成するものである。簡便法は,連結貸借対照表と連結損益計算書,連結株主資本等変動計算書などの連結資料によって連結キャッシュ・フロー計算書を作成するもので,子会社のキャッシュ・フロー計算書の作成は前提とはならない。 (鈴木基史)
☞連結財務諸表,キャッシュ・フロー計算書

連結経営 (consolidated management)【総 論】

親会社を頂点として,経済的に一体として機能する企業集団全体で,最も効率的で収益性・安全性・成長性などが高まるように経営を行うことである。すなわち,法的に独立した個別企業についての経営成績などを重視して経営を行うものではなく,経済的に一体として機能する企業集団全体の経営成績

レンケツケイ

などを重視して経営を行うものである。このためには，企業集団全体についての情報を提供する連結財務諸表などが有用となる。　　　　　　　（岩崎勇）

☞連結財務諸表

連結計算書類（consolidated accounting documents）　　　【総　論】

　会社法上で作成することが要求される連結会計に関する書類のことである。より具体的には，これには，一時点における企業集団の財政状態を明示する連結貸借対照表，一会計期間における企業集団の経営成績を明示する連結損益計算書，一会計期間における企業集団の純資産（の各項目）の変動の状況を明示する連結株主資本等変動計算書及びこれらについての内容などを注記の形で補足的に明示する連結注記表が含まれる。　　　　　　　（岩崎勇）

☞計算関係書類

連結決算日（closing date on consolidation）　　　【総　論】

　連結決算日とは，連結財務諸表を作成する基準日を意味する。具体的には，連結財務諸表を作成する親会社の決算日となる。子会社の決算日が異なる場合には，親会社と同じ決算日に変更するか，子会社が親会社の決算日に正規の決算に準じた合理的な方法で再度決算する方法がある。ただし，決算日の差異が3ヶ月を超えない場合は重要な不一致の調整をした子会社の金額を基礎とした連結も認められる。

（近田典行）

☞連結決算日の差異

連結決算日の差異　　　【総　論】

　連結決算日は親会社の決算日としなければならないが，子会社の決算日が連結決算日と異なる場合には，子会社は連結決算日に正規の決算に準ずる合理的な手続きにより決算を行わなければならない。ただし，決算日の差異が3ヶ月を超えない場合には，子会社の正規の決算を基礎として連結決算を行うことができるが，この場合，決算日が異なることから生ずる連結会社間の取引に係る会計記録の重要な不一致について必要な修正を行わなければならない。　　　　　　　（佐藤信彦）

☞連結決算日

連結欠損金（consolidated net loss carried over）　　　【連納税】

　連結事業年度中に生じた連結欠損金は，その後の7年間にわたり繰越控除ができる。また，連結納税開始前の欠損金については，開始前7年以内に生じた親法人の欠損金は繰越控除できるが，子法人の欠損金は，特定の場合（株式移転に係る完全子会社に帰属する欠損金）を除き，繰越控除ができない。なお，連結納税グループから離脱する際，配分された連結欠損金の個別

帰属額は,離脱する法人に引き継ぐ。

(春日克則)

連結子法人 (consolidated subsidiary corporation)　【連納税】

連結子法人とは,連結納税を行うことにつき承認を受けた完全親子会社関係にあるグループ内の子会社をいう。この連結子法人となれる内国法人は普通法人に限られている。清算中の法人,資産流動化法に規定されている特定目的会社,投資信託や投資法人に関する法律に規定されている投資法人などは連結子法人とはなれない。連結親法人と完全支配関係にある法人は全て,連結納税の承認のもとに連結子法人となる。

(成道秀雄)

☞完全親子会社,連結親法人

連結財務諸表 (consolidated financial statements)　【総論】

連結財務諸表は,複数の法人企業が株式保有率,人的・取引等の関係による支配従属の実態に基づきグループとして企業活動している経済的実態を表す会計情報として作成される。各企業が作成した個別財務諸表の合算を基礎に,グループ内の資本取引や営業取引などの除去などの連結手続きを経て作成する。それは,連結貸借対照表,連結損益計算書,連結株主資本等変動計算書,連結キャッシュ・フロー計算書により構成される。

(近田典行)

☞連結貸借対照表,連結損益計算書,連結株主資本等変動計算書,連結キャッシュ・フロー計算書,個別財務諸表

連結財務諸表分析 (consolidated financial statements analysis)　【分析】

グループ企業の財務諸表(連結財務諸表)を用いてグループの収益性,活動性,安全性,生産性,成長性などの各分析とその総合判断を行うことをいう。分析には実数値を用いた実数分析と実数値をパーセント,回数,倍数などに加工した比率値を用いた比率分析がある。連結対象の親会社や子会社の単体(個別)財務諸表の分析も同時に行う。連結財務諸表と単体(個別)財務諸表との分析値を相互に比較するために「連単倍率」が用いられる。

(岩崎功)

☞個別(単体)財務諸表

連結事業年度 (consolidated accounting period)　【連納税】

連結事業年度とは,連結親法人の事業年度開始の日からその終了の日までの期間をいう。そこで,連結親法人と事業年度が異なる連結子法人は,親法人に合わせた事業年度(みなし事業年度)を設けることとなる。なお,連結親法人の事業年度の中途において,連結子法人の離脱などが行われた場合,この子法人等にあっては,親法人の事

レンケツジヨ

業年度開始の日からその事由の生じた日の前日までの期間は、原則として連結事業年度に含まない。　（春日克則）
☞連結親法人，連結子法人，離脱

連結修正(consolidation adjustments)
【総　論】

　連結財務諸表を作成するために連結会計上実施される修正のための仕訳をいう。連結財務諸表は個別財務諸表の合算から開始されるため，通常相殺消去するための仕訳となる。たとえば，子会社の資本勘定と親会社の投資勘定との相殺消去，内部取引高の相殺消去，未実現利益の消去，連結会社間債権・債務の相殺が主であるが，これら以外にも，税効果会計の適用，のれん(連結調整勘定)の償却や少数株主に帰属する損益の少数株主持分への振替などもある。　　　　　　　　（佐藤信彦）
☞連結財務諸表，内部取引の相殺消去，税効果会計，少数株主持分

連結剰余金（consolidated surplus）
【株主資本／剰余金】

　従来の連結剰余金とは，企業集団全体の純資産の部合計から資本金と準備金を控除した金額（＝企業集団の資本剰余金と利益剰余金）であった。連結剰余金の増減は，親会社及び子会社の損益計算書及び利益処分に係る金額を基礎とし，連結会社相互間の配当に関する取引を消去し計算してきた。この連結剰余金の変動に関する計算書を連結剰余金計算書といい，「資本剰余金の部」と「利益剰余金の部」で資本剰余金と利益剰余金のそれぞれの増減が記載されていた。

　しかし，この連結剰金計算書は，2005年12月に企業会計基準委員会より公表された「貸借対照表の純資産の部の表示に関する基準」及び「株主資本等変動計算書に関する会計基準」，さらには新会社法や会社計算規則の施行により廃止され，連結株主資本等変動計算書に代った。　　　（西村勝志）
☞純資産，連結剰余金計算書

連結剰余金計算書（consolidated surplus statement of retained earnings）
【株主資本／剰余金】

　従来，連結財務諸表の体系においては連結剰余金の変動を示す連結剰余金計算書が作成されてきたが，会社法（2005年法律第86号）が株主資本等変動計算書の作成を全ての株式会社に求めるところから，2005年12月に企業会計基準委員会より「株主資本等変動計算書に関する会計基準」が公表された。当該計算書は，純資産の部の一会計期間における変動額のうち，主として株主資本の各項目の変動事由を報告するものである。　　　　　　　（大倉学）
☞連結剰余金，株主資本等変動計算書

連結所得金額（consolidated taxable income） 【連納税】

連結所得金額は，連結事業年度の益金の額から損金の額を控除した金額であり，次の手順によって計算する。①連結法人の単体所得金額を計算する。この際，連結グループ全体で金額の算定を行う項目（例えば，受取配当等の益金不算入や寄附金の損金不算入等）を消去するよう修正する。②連結特有の調整（例えば，連結法人からの受取配当等の益金不算入，連結法人への寄附金の損金不算入，内部取引による譲渡損益の繰延等）を行い，この調整後の単体所得金額を合算する。③連結グループ全体で行うべき調整（例えば，連結ベースでの受取配当等の益金不算入，寄附金・交際費の限度額計算，連結欠損金額の繰越控除等）を行う。

なお，連結納税制度ではグループ全体の連結所得金額を計算するとともに，連結納税からの離脱の可能性や地方税等を考慮し，連結所得金額を各法人に配分することにより，その個別帰属額（個別所得金額）を同時並行的に計算する。　　　　　　　　（春日克則）

☞個別所得金額

連結税効果会計（consolidated tax effect accounting） 【税効果】

連結損益計算書における税引前当期純利益と法人税等が期間対応していない原因は，連結決算における連結会社間取引により生じた未実現利益の消去，債権債務の相殺などにある。すなわち，個別財務諸表に基づく法人税等と未実現利益を消去した税引前当期純利益が対応しないからである。税効果会計が適用されると，この未実現利益に対応する繰延税金資産と法人税等調整額を計上することにより調整がなされることになる。　　　　　　　　（矢内一好）

☞税効果会計

連結精算表（consolidated working sheet） 【総論】

連結決算を行うための精算表で，左から，親会社と連結子会社の個別財務諸表の表示科目，各項目の数値，連結修正仕訳，最後に連結財務諸表上の数値を記入する欄からなる。例示すれば図1のとおりである。

また，修正消去欄を細分化して図2のようにすることもできる。

いずれの場合でも，親会社と子会社の個別財務諸表数値の合計欄を修正消去欄の左に挿入するなど，形式はさまざまである。　　　　　　　　（佐藤信彦）

レンケツソン

図1

科　　目	P　社	S　社	修正消去	連結財務諸表
（貸借対照表）				
現金預金	×××	×××		×××
有価証券	×××	×××	××	×××
受取手形	×××	×××	××	×××
――	×××	×××		×××

図2

| 科　　目 | P　社 | S　社 | 修　正　消　去 | | | 連結財務諸表 |
			開始仕訳	のれんの償却	――	
（貸借対照表）						
現金預金	×××	×××				×××
有価証券	×××	×××				×××
受取手形	×××	×××			××	×××
――	×××	×××		××		×××

連結損益計算書(consolidated income statement)　【損　益】

　連結損益計算書とは，支配従属関係にある二以上の会社からなる企業集団の連結財務諸表作成にかかる期間の経営成績を示す財務表である。

　連結財務諸表原則では，連結損益計算書は，親会社及び子会社の個別損益計算書における収益，費用の金額を基礎とし，連結会社相互間の取引高の相殺消去及び未実現損益の消去などの処理を行って作成することになっている。

(大倉学)

☞連結財務諸表

連結損益計算書作成の基本原則　【損　益】

　連結損益計算書は，親会社及び子会社の個別損益計算書における収益，費用の金額を基礎として作成しなければならない。親会社及び子会社は法的には独立した個別の企業であっても，連結財務諸表上はこれらを単一の組織体と見るために，連結損益計算書の作成にあたっては，連結会社相互間で生じた内部取引高の相殺消去，未実現損益の消去などの処理を行う必要がある。

(菱山淳)

連結損益計算書の科目の分類【損　益】

連結損益計算書に記載される科目は，個別財務諸表上の科目を基礎として分類しなければならない。収益及び費用は，「売上高」，「売上原価」，「販売費及び一般管理費」，「営業外収益」，「営業外費用」，「特別利益」，「特別損失」の各項目に分類し，その性質を示す適当な名称を付した科目によって記載しなければならない。ただし，企業集団の経営成績について誤解を与えない限りにおいて，科目を集約して表示することができる。
(菱山淳)

連結損益計算書の区分　【損　益】

連結損益計算書は，営業損益計算，経常損益計算，純損益計算に区分する。営業損益計算の区分は，売上高，売上原価を記載して売上総利益を表示し，さらに販売費及び一般管理費を記載して営業利益を表示する。経常損益計算の区分は，営業損益計算の結果を受け，営業外損益項目を記載して経常利益を表示する。純損益計算の区分は，経常損益計算の結果を受け，特別損益項目を記載して税引等調整前当期純利益を表示し，これに法人税額等，法人税等調整額及び少数株主損益を加減して当期純利益を表示する。
(菱山淳)

連結貸借対照表 (consolidated balance sheet)　【貸　借】

連結貸借対照表とは，支配従属関係にある二以上の会社からなる企業集団の連結決算日における財政状態を示す財務表である。

連結財務諸表原則では，連結貸借対照表は親会社及び子会社の個別貸借対照表における資産，負債及び純資産の金額を基礎とし，子会社の資産及び負債の評価，親会社及び連結される子会社相互間の投資と資本及び債権と債務の相殺消去などの処理を行って作成することになっている。
(大倉学)
☞連結財務諸表

連結貸借対照表作成の基本原則 (basic principles of preparation of con-solidated balance sheet)　【貸　借】

連結貸借対照表は，親会社が企業集団の財政状態を総合的に報告するために作成するものである。したがって，連結貸借対照表は，親会社及び子会社の個別貸借対照表に計上されている資産，負債及び純資産を基礎に作成されることになる。具体的には，子会社の資産及び負債の公正な評価額による評価，親会社及び子会社相互間の投資と資本並びに債権と債務の相殺消去などの処理を行って，連結貸借対照表は作成される。
(瓶子長幸)

レンケツタイ

連結貸借対照表の区分（classification of consolidated balance sheet）
【貸　借】

　連結貸借対照表は，資産，負債及び純資産に区分して作成される。

　資産は，流動資産，固定資産及び繰延資産に区分表示され，固定資産は，さらに，有形固定資産，無形固定資産及び投資その他の資産に細分類される。負債は，流動負債と固定負債に分類される。純資産は，株主資本，評価・換算差額等，新株予約権及び少数株主持分に区分表示される。　　（瓶子長幸）

連結注記表（table of notes for consolidated financial statements）
【総　論】

　連結注記表には，①継続企業の前提に関する注記，②重要な会計方針に関する注記，③貸借対照表等に関する注記，④関連当事者との取引に関する注記，⑤1株当たり情報に関する注記，⑥重要な後発事象に関する注記，⑦その他の注記が分類表示される（計算省令）。ただし，非公開会社（会計監査人設置会社を除く）は，株主資本等変動計算書と関連当事者との取引に関する注記以外の注記は省略することができる。　　　　　　　　（近田典行）
☞注記事項

連結当期純利益（consolidated current net income）【総　論】

　親会社，子会社及び関連会社からなる企業集団の経営成績を表示する連結損益計算書で計算される当期の利益額である。連結損益計算書上，子会社の利益（又は損失）のうち少数株主持分相当額は「少数株主損益」への振替えにより減算（又は加算）され，関連会社の利益（又は損失）のうち親会社持分相当額は「持分法による投資損益」での計上により加算（又は減算）される。よって，結果として連結当期純利益は，親会社持分に属する利益となる。
（国田清志）
☞少数株主損益，持分法による投資損益

連結納税（consolidated taxation）
【税効果】

　法人税は基本的に単体の法人の課税所得に基づいて税額を算定するが，連結納税は親会社を中心として所定の連結法人から構成されるグループを対象として，グループ全体の連結所得に基づいて税額を計算し，連結親会社がこの連結所得に対する法人税を納付する制度である。欧米はこのようなグループ税制を法人税制に取り込んでいるが，わが国は，2002年4月からこの制度が施行されている。　　（矢内一好）
☞連結納税【連納税】

連結納税 (consolidated taxation system) 【連納税】

連結納税とは，実態に即した適正な課税の実現を目的として，完全支配関係（100%の持株関係）を有する法人企業集団を一体とみて，各メンバー法人の損益を通算することにより，集団全体の法人所得金額及び法人税額を算定し，納税申告を行う制度をいう。

連結納税を実施するか否かは，法人企業集団の選択による。ただし，連結納税を選択する場合には，完全支配関係を有するすべての法人がこれに参加しなければならない。　（依田俊伸）
☞連結納税【税効果】

連結の範囲 (scope of consolidation) 【総　論】

連結財務諸表に含める子会社の範囲である。連結の範囲を決定する基準には，持株（比率）基準と支配力基準がある。前者は，直接又は間接に議決権の過半数を実質的に所有しているか否かという形式基準であり，後者は，他の会社の意思決定機関を持続的に支配しているか否かという実質基準である。わが国では，かつて持株（比率）基準を採っていたが，現行の「連結財務諸表原則」では，支配力基準によって連結の範囲が決定される。　（国田清志）
☞持株基準，支配力基準

連結配当規制適用会社 (consolidated dividend regulation applying company) 【総　論】

ある事業年度の末日が最終事業年度の末日となる時から，その年度の次の事業年度の末日が最終事業年度の末日となる時までの間におけるその会社の分配可能額の算定について連結配当規制（計規186条4号）の規定を適用する旨を定めた株式会社（ただし，その事業年度に係る連結計算書類を作成しているものに限る）のことをいう。この会社については，個別と比較した場合の連結上の剰余金差損額（連単剰余金差損額）を分配不能なものと配当制限を課すものである。　（岩崎勇）

連帯納付責任 (joint and several obligation of tax payment) 【連納税】

複数の者が連帯して負うべき納税義務は，連帯納付義務とよばれる。連結親法人及び連結子法人は，連結法人（連結納税適用法人）として，連名で連結納税の承認申請書を国税庁長官に（連結親法人の納税地の所轄税務署長を経由して）提出し，連結所得に対して連帯納付義務を負う。ここに連結親法人とは，他の法人の発行済株式の100%を直接又は間接に保有している内国法人であり，連結子法人とは当該他の法人をいう。　（菊谷正人）
☞連結親法人，連結子法人

レンタンバイ

連単倍率　　　　　　　【分　析】

親会社に比較した場合の，連結企業グループの相対的な大きさを表す尺度である。たとえば，売上高や資産総額について，連結数値を親会社の単独数値で除して計算される。

したがって，連単倍率が低いほど，親会社の個別財務諸表の数値が，連結企業グループ全体の状況を代表していると考えることができる。　（泉宏之）
☞連結財務諸表分析

[わ]

割引キャッシュ・フロー法(discounted cash flow method：ＤＣＦ)【分　析】

会計的に投資案などを評価する方法としてＤＣＦ法がある。ＤＣＦ法では，まず，投資案などから生じる将来の各期のキャッシュ・フローを予測し，次いで，資本コストで割り引いて現在価値を計算し，将来の各期のキャッシュ・フローの現在価値を合計することによって投資案などによる価値を評価する。ＤＣＦ法には将来の各期のキャッシュ・フロー，資本コストの推測の問題があるが，設備投資，リース会計，金融商品会計等その適応範囲は広い。　　　　　　　（山本正彦）
☞企業評価

割引手形(discounted note receivables)　　　　　　　【キャッ】

割引手形は，手形債権者が所有する受取手形を，満期日以前に資金調達するために金融機関に売却したものである。商品及び役務の販売により取得した手形の割引による収入は，営業活動に係る債権から生じるキャッシュ・インフローとして営業活動によるキャッシュ・フローの区分に表示する。

また，手形遡及義務は，原則として，

金融資産（受取手形）の消滅時に新たな金融負債（保証債務）として時価で計上され，満期日に取り崩される。

(齋藤幹朗)

☞受取手形

項目索引

〈あ〉

青色申告法人··················· 1
圧縮記帳························· 1
アップ・ストリーム········· 1
安全性分析····················· 1

〈い〉

一時差異〔貸借〕············· 2
一時差異〔税効果〕·········· 2
一括法··························· 3
一般原則························· 3

〈う〉

受取手形························· 4
受取配当金····················· 4
受取配当金の処理············ 4
受取利息························· 5
売上原価························· 5
売上総利益····················· 5
売上高··························· 5
売上高テスト·················· 6
売上高利益率·················· 6
売掛金··························· 6

〈え〉

永久差異························· 7
営業外収益····················· 7
営業外費用····················· 7
営業活動························· 7

営業権··························· 8
営業損益計算·················· 8
営業利益························· 8
影響力基準····················· 8
益金······························ 9
益金算入項目·················· 9
益金不算入項目··············· 9
M&A（合併と買収）········ 9

〈お〉

親会社··························10
親会社及び子会社の会計処理の
　原則と手続き··············10
親会社概念····················11
親会社持分····················11

〈か〉

買入のれん····················12
海外売上高····················12
買掛金··························12
外貨表示子会社財務諸表··12
外貨表示財務諸表···········13
外貨表示損益計算書········13
外貨表示貸借対照表········13
会計公準······················14
外国法人······················14
外国法人税····················14
会社法··························14
確定決算主義·················15
確定方式······················15

貸倒引当金〔貸借〕…………………15	キャッシュ・フロー経営…………………23
貸倒引当金〔キャッ〕…………………15	キャッシュ・フロー計算書…………24
貸付金………………………16	キャッシュ・フロー分析…………24
活動性分析…………………16	金銭債権・債務……………24
加入…………………………16	
株式交換……………………17	〈く〉
株式分割……………………17	
株主資本……………………17	繰上方式……………………25
株主資本等変動計算書………17	繰越欠損金…………………25
貨幣・非貨幣法………………18	繰延資産……………………25
借入金………………………18	繰延税金資産・負債…………25
為替換算調整勘定……………18	繰延ヘッジ損益………………26
関係会社……………………19	繰延法………………………26
換算差額(在外子会社等の財務諸表項目)……………19	〈け〉
換算法(在外子会社等の財務諸表項目)……………19	経過勘定項目…………………27
間接法………………………19	経済的実体…………………27
完全親子会社…………………19	経済的単一体概念……………27
関連会社……………………20	計算関係書類…………………27
	経常損益計算…………………28
〈き〉	経常利益……………………28
	継続性の原則…………………28
期間差異……………………20	決算日レート法………………28
期間配分……………………20	減価償却累計額………………29
期間比較……………………21	減価償却費〔損益〕……………29
企業会計基準委員会……………21	減価償却費〔キャッ〕……………29
企業会計原則…………………21	現金及び現金同等物……………29
企業会計審議会…………………21	減損…………………………30
企業会計法……………………22	
企業間比較……………………22	〈こ〉
企業実体の公準…………………22	
企業評価……………………22	控除対象個別帰属調整額………31
キャッシュ・フロー……………23	構成比率法……………………31
	後発事象……………………31
	子会社………………………31

子会社株式の一部売却················32
子会社株式売却損益··················32
子会社資産・負債の評価···············32
子会社資産・負債の評価差額··········33
子会社の欠損·························33
子会社の支配獲得·····················33
子会社の範囲·························33
国際会計基準·························34
固定長期適合率······················34
固定費································34
固定比率······························34
個別益金・損金額····················35
個別帰属益金・損金額···············35
個別帰属法人税額···················35
個別財務諸表························36
個別財務諸表基準性の原則··········36
個別財務諸表の修正··················36
個別(単体)財務諸表分析············36
個別所得金額························37
個別税効果会計······················37

〈さ〉

在外会社······························38
債権債務の相殺消去··················38
財務活動······························38
財務レバレッジ効果··················38
三角合併······························39
残余利益モデル（RIM）·············39

〈し〉

時価（公正な評価額）···············39
時価アプローチ······················39
時価評価······························40

事業種類別セグメント情報··········40
事業単位別セグメント情報··········40
資金概念······························40
資金収支表···························41
自己株式の表示······················41
自己株式申込証拠金··················41
自己資本利益率（ROE）············42
自己創設のれん······················42
資産回転率···························42
資産テスト···························42
資産・負債アプローチ···············43
資産・負債項目の換算···············43
資産負債法···························43
市場別セグメント情報···············43
実効税率······························44
実質的所有···························44
実数分析······························44
実績主義······························44
支配獲得日···························45
支配の一定事実······················45
支配力基準···························45
支払手形······························45
支払利息······························46
四半期報告書························46
資本回転率···························46
資本コスト···························46
資本剰余金···························47
資本利益率···························47
資本連結······························47
収益・費用項目の換算···············48
収益性分析···························48
収益・費用アプローチ···············48
修正テンポラル法····················48

住民税……49
重要性の原則……49
重要な影響を与える一定の事実……49
純額主義……49
純資産……50
純資産項目の換算……50
純損益計算……50
証券取引法……51
少数株主……51
少数株主損益……51
少数株主持分……51
商法……52
剰余金の配当……52
将来加算一時差異……52
将来減算一時差異……52
所在地別セグメント情報……53
新株申込証拠金……53
新株予約権……53
真実性の原則……53

〈す〉

垂直型企業集団……54

〈せ〉

税額控除……55
税金等調整前当期純利益……55
税効果会計……55
生産性分析……55
成長性分析……56
税法……56
税務調整項目……56
セグメント間取引……56
セグメント情報……57

全額消去・親会社負担方式……57
全額消去・持分比率負担方式……57
全額消去方式……57
全部のれん……58
全面時価評価法……58
戦略的事業単位（SBU）……58

〈そ〉

総額主義……59
総資産利益率（ROA）……59
組織再編……59
その他有価証券評価差額金……59
損益通算……60
損益分岐点分析……60
損金……60
損金経理……60
損金算入項目……61
損金不算入項目……61

〈た〉

退職給付引当金……61
ダウン・ストリーム……61
タックス・プランニング……62
棚卸資産……62
段階法……62
単元未満株式……62
単体所得金額……62
単体納税制度……63

〈ち〉

中間会計期間……63
中間決算日の差異……63
中間申告……64

中間連結株主資本等変動計算書……64
中間連結貸借対照表……64
中間連結キャッシュ・フロー
　計算書……64
中間連結財務諸表……65
中間連結財務諸表（一般原則）……65
中間連結財務諸表（作成基準）……65
中間連結損益計算書……65
注記事項……66
直接法……66

〈つ〉

追加取得……67

〈て〉

ＴＯＢ（株式の公開買付け）……67
低価基準……67
ＤＥＳ（債務の株式化）……68
適用税率……68
テンポラル法……68

〈と〉

当期加算減算完結項目……69
当期純利益〔損益〕……69
当期純利益〔キャッ〕……69
統計値比較法……69
投資（非連結子会社及び関連会社
　への）……70
投資（連結子会社への）……70
投資価額修正……70
投資活動……70
投資消去差額……71
投資税額控除……71

特別損失……71
土地再評価差額金……71
特別利益……72
トライアングル体制……72

〈な〉

内国法人……72
内部取引〔総論〕……72
内部取引〔連納税〕……73
内部取引の相殺消去〔総論〕……73
内部取引の相殺消去〔貸借〕……73

〈の〉

納税額方式……74
のれん……74
のれん（連結調整勘定）……74
のれん償却（連結調整勘定償却）……74

〈は〉

パーチェス法……75
配当可能利益……75
配当金……76
配当割引モデル（ＤＤＭ）……76
半期報告書……76
販売費及び一般管理費……77

〈ひ〉

比較貸借対照表……77
引当金繰入額……78
非資金項目……78
ビジネス・セグメント・アプローチ
　……78
１株当たりキャッシュ・フロー……78

1株当たり純資産額…………79
1株当たり純利益…………79
評価・換算差額等 …………79
比率分析…………79
比例連結…………80
非連結子会社…………80

〈ふ〉

付加価値…………81
附属明細書（表）…………81
負ののれん…………81
部分時価評価法…………81
フリー・キャッシュ・フロー…………82
フリー・キャッシュ・フロー経営…82

〈へ〉

別段の定め…………83
変動費…………83
変動費率…………83

〈ほ〉

法人税等…………84
法人税等調整額…………84
法的実体…………84

〈ま〉

マネジメント・アプローチ…………85

〈み〉

未実現損益…………85
未実現損益の配分…………85
未実現利益の消去方法…………86
みなし連結会社間取引…………86

みなし子会社…………86

〈む〉

無形固定資産…………87

〈め〉

明瞭性の原則…………87

〈も〉

持株会社…………88
持株基準…………88
持分プーリング法…………88
持分法…………88
持分法適用会社…………89
持分法による投資損益…………89

〈や〉

役員賞与…………90

〈ゆ〉

有価証券…………90
有価証券届出書…………90
有価証券売却損益…………91
有価証券評価損益〔損益〕…………91
有価証券評価損益〔キャッ〕…………91
有価証券報告書…………92
有形固定資産…………92
有形固定資産売却損益…………92
有用性の原則…………92

〈よ〉

予測主義…………93

事項索引

〈り〉

利益剰余金··94
離脱··94
流動資産··94
流動比率··94
流動・非流動法··95
流動負債··95
臨時報告書··95

〈れ〉

連結親法人··96
連結会計··96
連結会社··96
連結確定申告書··96
連結株主資本等変動計算書······················97
連結基礎概念··97
連結キャッシュ・フロー計算書··············97
連結経営··97
連結計算書類··98
連結決算日··98
連結決算日の差異····································98
連結欠損金··98
連結子法人··99
連結財務諸表··99
連結財務諸表分析····································99
連結事業年度··99

連結修正··100
連結剰余金··100
連結剰余金計算書··································100
連結所得金額··101
連結税効果会計····································101
連結精算表··101
連結損益計算書····································102
連結損益計算書作成の基本原則···········102
連結損益計算書の科目の分類··············103
連結損益計算書の区分·························103
連結貸借対照表····································103
連結貸借対照表作成の基本原則···········103
連結貸借対照表の区分·························104
連結注記表··104
連結当期純利益····································104
連結納税〔税効果〕······························104
連結納税〔連納税〕······························105
連結の範囲··105
連結配当規制適用会社·························105
連帯納付責任··105
連単倍率··106

〈わ〉

割引キャッシュ・フロー法
　（DCF）···106
割引手形··106

115